Südfrankreich
mit dem Wohnmobil

Die südfranzösische Küste ist nicht nur für den sportlichen Camper ein Paradies.

Ines Friedrich

SÜDFRANKREICH MIT DEM WOHNMOBIL

Die schönsten Routen
zwischen Cotê d’Azur und den Pyrenäen

BRUCKMANN

INHALT

Das azurblaue Meer und mildes Klima machen Südfrankreich das ganze Jahr beliebt.

WILLKOMMEN IN SÜDFRANKREICH

Frühling an der Côte d'Azur – schöner könnte der Start in die neue Reisesaison kaum sein!
Sommer in der Provence – betörende Düfte durchziehen eine grandiose Landschaft!
Herbst im Languedoc – lange Sandstrände bieten ein Badeparadies vom Feinsten!

600 Kilometer ...

... Länge hat die Mittelmeerküste Südfrankreichs, und sie reicht von der italienischen bis zur spanischen Grenze. Die Küste ist durch das Rhône-Delta zweigeteilt: Östlich des Flusses erstreckt sich über 300 Kilometer die berühmte und zerklüftete Côte d'Azur, Richtung Westen verläuft über weitere 300 Kilometer die Küste der Region Languedoc-Roussillon mit herrlichen Stränden.

300 Tage ...

... pro Jahr scheint in Südfrankreich die Sonne. Das typisch mediterrane Klima ist sehr beständig: milde Temperaturen im Winter, die nicht unter 10 Grad Celsius fallen, und durchschnittliche Sommertemperaturen von 25 Grad. Vor allem die französische Riviera, die von den bis zu 3000 Meter hohen Seealpen umgeben ist, liegt in einer besonders geschützten Region der Mittelmeerküste.

80 Tonnen ...

... feines Lavendelöl und 1000 Tonnen Lavandin werden pro Jahr in den Hochebenen der Provence gewonnen. Der echte Lavendel wächst in 600 bis 1500 Meter Höhe und ist äußerst intensiv. Die Züchtung Lavandin gedeiht bereits in einer Höhe von 300 bis 600 Metern, ist sehr viel ertragreicher, allerdings weniger aromatisch. Ab Mitte Juni bis Anfang August gleicht die Haute-Provence einem blauen Blütenteppich.

290 000 Hektar …

… Rebfläche besitzt die Region Languedoc-Roussillon und ist damit das größte zusammenhängende Weinanbaugebiet der Welt. Auf über 200 Kilometer Länge reihen sich entlang der Mittelmeerküste 2500 Weingüter, in denen jährlich etwa 9 Millionen Hektoliter Wein erzeugt werden. Zu 80 Prozent wachsen hier leichte Rot- bzw. Roséweine, sogenannte Tafelweine, z. B. aus der Traube Syrah.

2,08 km² …

… Fläche umfasst das Fürstentum Monaco. Damit ist es nach dem Vatikan der zweitkleinste Staat der Welt. In dem nur 39 000 Einwohner zählenden Steuerparadies verwalten 60 internationale Banken das riesige Vermögen von etwa 30 000 Superreichen mit einem Nettovermögen von je mindestens einer Million US-Dollar. Monaco besitzt somit die weltweit höchste Dichte an Millionären, von denen 77 Prozent aus dem Ausland stammen.

40 000 Flamingos …

… sind in den flachen Salzseen der Camargue heimisch. Im Coronajahr 2020 wurden mehr als 12 000 Flamingoküken gezählt, damit ist hier in Südfrankreich das größte europäische Brutgebiet. Der bis zu 140 Zentimeter große Vogel ernährt sich hauptsächlich von Krebsen und erhält dadurch seine rosa Farbe. Spezielle Führungen durch diesen in Frankreich einzigartigen Naturpark werden von April bis Ende September angeboten.

Im Hafen von Saint-Tropez sind die schönsten Jachten zu bewundern.

ZAUBER DES SÜDENS

Traumhafte Farben an der Côte d'Azur, duftende Lavendelfelder in der Provence, tiefe Schluchten in den Seealpen und Kultur vom Feinsten – all das ist Südfrankreich!

UNTERWEGS IN SÜDFRANKREICH

Frankreichs bezaubernder Süden ist unbestritten die abwechslungsreichste Region des ganzen Landes. Ein Urlaub allein wird wohl kaum ausreichen, um all die wunderschönen Ecken zu entdecken und jede der berühmten Städte kennenzulernen, um herrliche Wanderungen mit Traumsicht zu erleben und dann noch Sonne, Strand und Meer ausgiebig zu genießen.
Der Reiseführer ist daher so angelegt, dass man alles Sehens- und Erlebenswerte bequem auf zwei Rundreisen entdecken kann. Die erste Wohnmobilrundreise umfasst die Côte d'Azur und den Parc naturel régional du Verdon (Routen 1 bis 4), die zweite den Golfe du Lion und den Parc naturel régional d'Ardèche (Routen 5 bis 8). Natürlich ist es auch möglich, andere Streckenkombinationen auszuwählen oder sich einzelne Teilabschnitte herauszupicken.

FASZINATION CÔTE D'AZUR

Unsere erste große Wohnmobilrundreise beginnt an der Côte d'Azur – sie ist der Inbegriff von Glamour und Luxus, Sehnsuchtsort der Reichen und Schönen und auch die Gegend mit dem mildesten Klima. Das azurblaue Wasser der »Côte bleue«, das leuchtende Gelb der Mimosen im Frühling, die roten Felsen des Esterel-Gebirges, die tiefen Fjorde des Naturparks Calanques und über allem die strahlende Sonne – das wird auch Sie, liebe Wohnmobilreisende, absolut begeistern! Von den faszinierenden Farben der Côte d'Azur haben sich bedeutende Künstler wie Picasso, Marc Chagall, Matisse und sogar van Gogh inspirieren lassen und in einigen hochrangigen Kunstmuseen kann der Interessierte eine überwältigende Anzahl ihrer Werke bewundern. Aber die Französische

Der tägliche Blumenmarkt von Nizza ist ein wunderschönes Erlebnis.

Riviera, wie dieser wunderschöne Küstenabschnitt früher hieß, bietet noch so viel mehr! Der Reichtum an kulturhistorischen Sehenswürdigkeiten ist enorm, denn schon die Griechen und Römer haben ihre Spuren hinterlassen, und aus dem Mittelalter sind zahlreiche gut erhaltene romanische Kirchen zu bestaunen.
Und wenn man am farbenfrohen Blumenmarkt von Nizza in aller Ruhe das Treiben beobachtet, in Saint-Tropez entlang der Hafenpromenade flaniert oder im idyllischen Sanary-sur-Mer durch die Altstadtgassen bummelt – dann kann man sich der Faszination Côte d'Azur einfach nicht entziehen.

ERLEBNIS HAUTE-PROVENCE

Die Region Provence reicht tatsächlich von der italienischen Grenze bis zum Rhône-Delta und von der Küste bis in die Seealpen. Für die meisten Urlauber symbolisiert die Provence jedoch den Landstrich im Hinterland der Côte d'Azur, der in erster Linie mit dem wunderschönen Anblick der blau leuchtenden und betörend duftenden Lavendelfelder in Verbindung gebracht wird. Auf den farbenprächtigen Wochenmärkten werden unzählige Duftsäckchen, Seifen, Parfums oder guter Lavendelhonig angeboten – das perfekte Mitbringsel! Aus der abwechslungsreichen Landschaft der Haute-Provence kommen aber noch weitere Spezialitäten, dazu gehören edler Trüffel, feines Olivenöl oder leckeres Mandelkonfekt.
Der Naturpark Verdon ist das absolute Highlight einer jeden Provence-Reise, und der Grand Canyon ist wirklich ein Naturerlebnis der besonderen Art. Der smaragdgrüne Fluss hat spektakuläre Schluchten von bis zu 700 Meter Tiefe geschaffen und von der Route des Crêtes bieten sich grandiose, schwindelerregende Ausblicke. Wunderschön ist hier tief unten in der Schlucht aber auch ein

Kein Fest ohne tolle Straßenkunst

Kajak- oder Elektrobootausflug – Erlebnisse, die der Wohnmobilurlauber nicht so schnell vergessen wird.

HÖHEPUNKT CÔTE DU MIDI

Die zweite große Wohnmobilrundreise beginnt an der Rhône, an deren Ufer Geschichte geschrieben wurde. Spazieren Sie durch Avignon, die mittelalterliche Stadt der Päpste, um nur wenige Kilometer weiter in Arles grandiose Zeitzeugen der römischen Vergangenheit zu bewundern. Weiter geht die Reise durch die außergewöhnliche Landschaft der Camargue ans Mittelmeer. Das gewaltige Delta der Rhône ist Heimat von Tausenden rosa Flamingos, schwarzen Camargue-Stieren und weißen Pferden. Der Reisende ist nun in einem gänzlich anderen Stückchen Frankreich angekommen, denn

So mancher Seemann fischt noch auf ganz traditionelle Art und Weise.

Der Lac de Sainte-Croix bezaubert mit einem faszinierenden Farbspiel.

der jahrhundertelange katalanische Einfluss ist allgegenwärtig: Tapasbars servieren Sangria und in zahlreichen Arenen begeistert der unblutige Stierkampf Course camarguaise die Menschen.
Die Reise folgt nun mehr als 300 Kilometer dem Golfe du Lion, der größten südfranzösischen Meeresbucht, bis hin zur spanischen Grenze. Unendlich scheinen die feinen Sandstrände zu sein und das warme Wasser des Mittelmeeres lädt zum Baden ein. Entlang zahlreicher Kanäle sind herrliche Radtouren möglich, sodass solch sehenswerte Städte wie Montpellier oder Narbonne ganz stressfrei mit dem Fahrrad erkundet werden können. Und dann verändern die Ausläufer der Pyrenäen das Landschaftsbild mit kleinen, versteckten Buchten zwischen schroffen Felsen. Immer wieder lockt der Schmugglerpfad Sentier littoral zu ausgedehnten Wanderungen mit schönstem Meerblick.

ABENTEUER NATURPARK

Mit der einzigartigen Cité de Carcassonne ist das Land der Katharer erreicht, deren Geschichte uns unter anderem mit imposanten Burgen und der grandiosen Altstadt von Albi immer wieder begegnen wird. Es ist wirklich erstaunlich, wie viele großartige UNESCO-Welterbestätten hier im Südwesten Frankreichs zu finden sind. Die Rundreise ist aber nicht nur kulturhistorisch erlebenswert, sondern auch landschaftlich wunderschön. Die Reise führt an unzähligen Weinreben vorbei, streift den französischen Schwarzwald Montagne Noire und durchfährt den Parc régional des Grands Causses.
Die Cevennen sind der größte Nationalpark Frankreichs, geprägt von riesigen Hochplateaus und spektakulären Schluchten. Zu diesem UNESCO-Biosphärenreservat gehört auch die wunderschöne Gorges du Tarn, die fantastische Gorges de l'Ardèche zählt darüber hinaus zu den »Landschaften von besonderer Schönheit«, den Grands Sites de France. Den Reisenden erwarten Wandertouren vom Feinsten, Mountainbike-Strecken in Hülle und Fülle, unzählige Kletterrouten und spannende Kanu- und Kajakfahrten. In all diesen herrlichen Naturschönheiten ist der Camper herzlich willkommen – beste Voraussetzungen für einen Traumurlaub!

ZU BEGINN: ANREISE NACH SÜDFRANKREICH

»Nur aufs Ziel zu sehen, verdirbt die Lust am Reisen.«
Friedrich Rückert (deutscher Dichter)

Ein Urlaub mit dem Wohnmobil beginnt bekanntlich vor der eigenen Haustür – warum also auf der Fahrt nach Südfrankreich an so vielen schönen Orten vorbeifahren? Je nachdem, welche südfranzösische Region der Reisende bevorzugt, werden im Folgenden mehrere ganzjährig geöffnete Übernachtungsmöglichkeiten vorgeschlagen, die sich in besonders interessanten Orten oder in besonders reizvoller Landschaft befinden. Allen ist gemein, dass sie nahe den Hauptstrecken in Richtung Südfrankreich liegen, um nicht auf den unsicheren Autobahnraststätten übernachten zu müssen.

ANREISE ÜBER ITALIEN

Reisenden, die unseren Wohnmobilrouten folgen und als Erstes die Côte d'Azur besuchen, sei die Anreise durch Italien empfohlen, um dann ab Genua die Riviera entlangzufahren. Eine Anreise, die man in aller Ruhe genießen sollte.

Cannobio, Lago Maggiore, Italien
GPS: 46.061753, 8.692257
Area Sosta Camper, Via San Rocco, 28822 Cannobio, lago-maggiore.de
Gebührenpflichtiger Stellplatz für 30 Mobile, Blick über den Fluss auf die Berge, zentrumsnah. Dusche und WC vorhanden, Strom sowie Ver- und Entsorgung im Preis inklusive, Parkscheinautomat. Schöne Altstadt und Promenade am Lago Maggiore, Sonntag am Vormittag großer Markt. Ganzjährig geöffnet.

Albenga, Italienische Riviera
GPS: 44.057154, 8.214336
Agricampeggio Le Coccinelle, Pontelungo Inferiore 15, 17031 Albenga, agricampeggiolecoccinelle.it
Privater Stellplatz auf einem ehemaligen Gartenbaugelände, ruhig und gepflegt, Dusche und WC vorhanden, Strom sowie Ver- und Entsorgung im Preis enthalten, freies WLAN. Sehenswerte Altstadt in 800 Metern. Ganzjährig geöffnet.

ANREISE DURCH DIE SCHWEIZ

Reisenden, die zuerst die Haute-Provence und den Parc régional du Verdon besuchen möchten, sei die landschaftlich schöne Strecke über den Vierwaldstätter See oder den Genfer See empfohlen. Mit der französischen Kleinstadt Sisteron ist dann das »Tor zur Provence« erreicht.

Eine Wanderung auf dem »Sentier littoral« ist oft recht abenteuerlich.

Luzern, Vierwaldstätter See, Schweiz
GPS: 47.050167, 8.337977
Camping International Lido, Lidostr. 19, 6006 Luzern, camping-international.ch
Der Campingplatz liegt in unmittelbarer Seenähe, Brötchenservice und Imbiss vorhanden, freies WLAN. Die sehenswerte Altstadt ist gratis per Bus oder über eine schöne Promenade zu erreichen. Ganzjährig geöffnet.

Lausanne, Genfer See, Schweiz
GPS: 46.517137, 6.597954
Camping de Vidy, Chemin du Camping 3, 1007 Lausanne, campinglausannevidy.ch
Der Campingplatz liegt direkt am Genfer See mit schöner Promenade zum Hafen und zum Olympischen Park. Übernachtungsplätze mit Ver- und Entsorgung vor dem Campingplatz, freies WLAN, Restaurant am See. Beides ganzjährig geöffnet.

ANREISE DURCH FRANKREICH

Reisende, die Südfrankreich auf schnellstem Wege erreichen wollen, sollten bei Mulhouse die Grenze überqueren, um dann die A7 »Route du Soleil« die Rhône entlang gen Süden zu fahren. Bei Lyon sollte man die Umfahrung Richtung Flughafen nehmen.

Seurre, Frankreich
GPS: 47.002402, 5.144864
Camping-Car Park, 5 Rue de la Perche À l'Oiseau, 21250 Seurre, campingcarpark.com
Der Pass'Étapes-Platz (Pass'Étapes s. Reiseinfos/Stellplätze) liegt ruhig in unmittelbarer Fluss- und Hafennähe am Ortsrand, das Zentrum ist zu Fuß erreichbar. WLAN, Ver- und Entsorgung sowie Strom im Preis inklusive. Ganzjährig geöffnet.

Villefranche-sur-Saône, Frankreich
GPS: 45.972544, 4.752062
Camping-Car Park, 2788 Route de Riottier, 69400 Villefranche-sur-Saône, campingcarpark.com
Großzügiger Pass'Étapes-Platz (Pass'Étapes s. Reiseinfos/Stellplätze) in unmittelbarer Flussnähe. Ruhig, Ver- und Entsorgung sowie Strom im Preis inklusive, Einkaufsmöglichkeiten in der Nähe. Ganzjährig geöffnet.

Sanary-sur-Mer ist ein idyllisches Städtchen und gilt als Hauptstadt der deutschen Literatur.

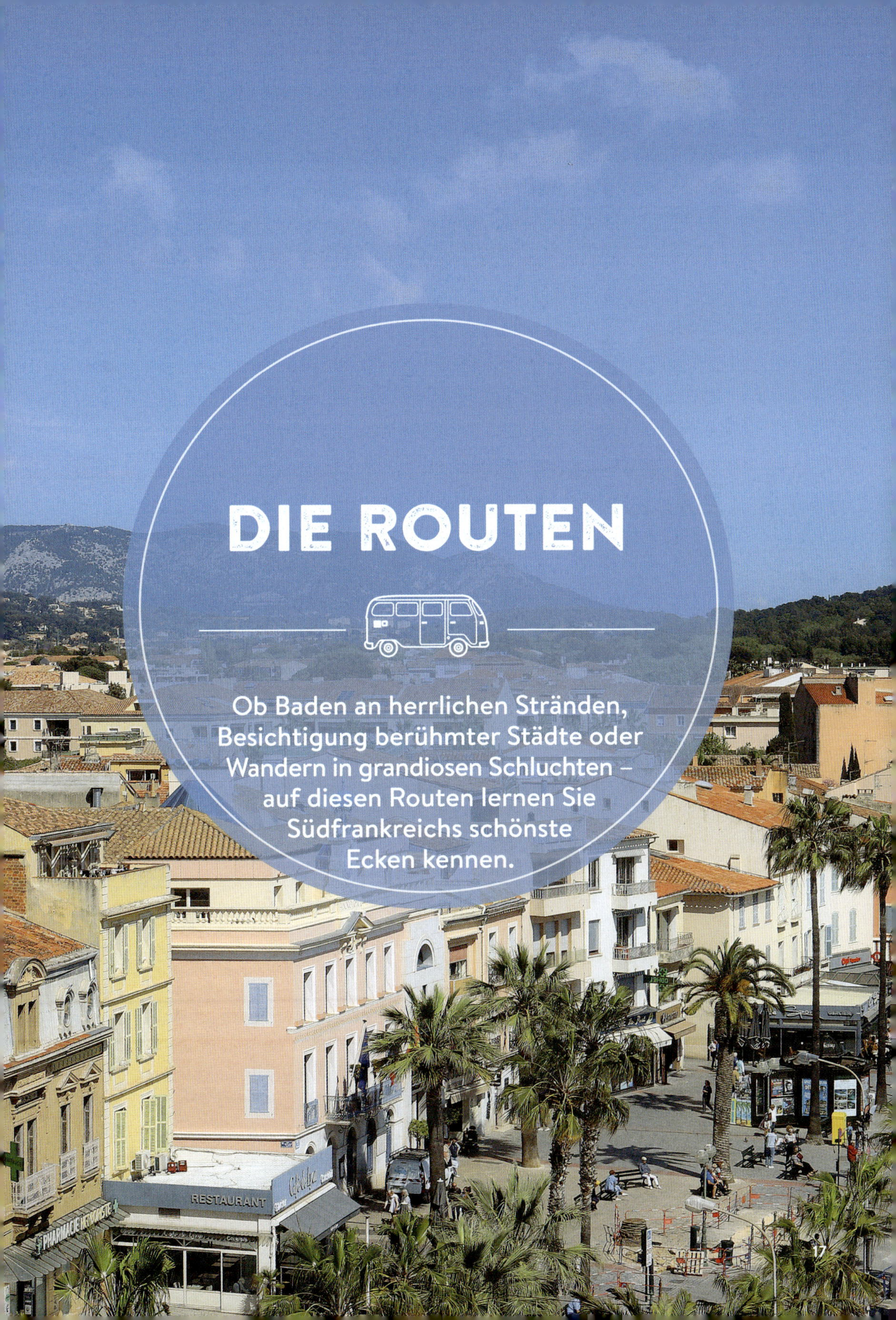

DIE ROUTEN

Ob Baden an herrlichen Stränden, Besichtigung berühmter Städte oder Wandern in grandiosen Schluchten – auf diesen Routen lernen Sie Südfrankreichs schönste Ecken kennen.

Menton, das Tor zur Côte d'Azur, genießt ein besonders mildes Klima.

1

DIE BERÜHMTEN STÄDTE DER CÔTE D'AZUR

Saisonstart im exquisitesten Teil der schönen Provence

Frühling an der Côte d'Azur – schöner könnte der Start ins neue Reisejahr kaum sein! Schon im Februar herrschen angenehme Temperaturen und die Sonne strahlt vom Himmel. Allerorts blühen die Mimosen in leuchtendem Gelb und reife Zitronen verströmen einen verführerischen Duft. Zur Faschingszeit locken farbenfrohe Umzüge nicht nur in so berühmte Städte wie Nizza, und die Zeit des genussvollen Wanderns ist gekommen.

Unsere große Wohnmobilrundreise durch Südfrankreichs Westen startet zu Frühlingsbeginn unweit der Grenze zu Italien. Wir befinden uns direkt an der französischen Mittelmeerküste im Département Alpes-Maritimes in der Region Provence-Alpes-Côte d'Azur und besuchen zunächst Menton.

»Fête du Citron« in Menton

SONNIGES MENTON

Menton, ein 30 000-Einwohner-Städtchen, genießt ein besonders mildes Klima, denn die nahen Seealpen halten die Kälte aus dem Norden fern. Gleichzeitig scheint die Sonne mehr als 300 Tage im Jahr und erwärmt die Luft über dem Meer. Manch mutiger Urlauber stürzt sich jetzt schon in die Fluten, andere flanieren die **Promenade du Soleil** entlang oder genießen das italienische Flair im Café.

Menton ist wirklich ein sympathisches Städtchen, und so sollte der Besucher auch unbedingt die wenigen Stufen zur barocken **Basilique Saint-Michel-Archange** hinaufsteigen, von deren Vorplatz man das Panorama über den Strand und den Hafen genießen kann. Täglich lädt hier unten am **Quai de Monléon** eine Markthalle im schönsten Belle-Époque-Stil zu kulinarischen Genüssen ein, jeden Freitag findet nebenan noch ein Antiquitäten- und Trödelmarkt statt. Von der Festung am Hafen, in der das kleine **Musée Jean Cocteau** untergebracht ist, hat der Betrachter einen herrlichen Blick auf das Städtchen, das sich den Hügel hinaufzieht.

Mit etwas Glück findet der Reisende entlang der Küstenstraße Boulevard de Garavan D6007 einen Parkplatz (z. B. 43.786120, 7.512172), wesentlich stressfreier ist allerdings die Übernachtung auf dem grenznahen Campingplatz »Por la Mar« in Italien. Der ganzjährig geöffnete Platz bietet unter anderem einen Shuttleservice zur berühmten »Fête du Citron« an, das seit 1935 jedes Jahr zu Frühlingsbeginn 20 Tage lang veranstaltet wird. Die grandiosen »Umzüge der goldenen Früchte« sind ein Spektakel der ganz besonderen Art, bestehend aus mit 120 Tonnen Zitrusfrüchten und viel Fantasie geschmückten Wagen, die von Gauklern, Tänzern und Musikkapellen begleitet werden.

Wer sich für Zitruspflanzen in ihrer natürlichen Pracht interessiert, der ist im **Jardin**

ROUTE 1

START- UND ENDPUNKT
Menton und Cannes

STRECKENLÄNGE
ca. 113 km

FAHRZEIT
3 bis 4 Tage

BESTE JAHRESZEIT
Februar bis Oktober

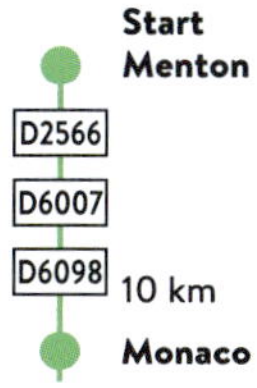

du Palais Carnolès bestens aufgehoben, der unter den vielen berühmten Garten- und Parkanlagen der Region besonders heraussticht. In Europas größter Zitruspflanzen-Sammlung profitieren 130 unterschiedliche Arten, von Limetten über Orangen und Pampelmusen bis hin zu Mandarinen, von den idealen klimatischen Bedingungen.

ENTLANG DER FRANZÖSISCHEN RIVIERA

Die Französische Riviera, wie die Côte d'Azur früher hieß, war aufgrund des milden Klimas schon im 19. Jahrhundert ein beliebtes Erholungs- und Überwinterungsziel für die sogenannte bessere Gesellschaft Europas. Prächtige Palais mit exotischen Gärten entstanden und exquisite Hotels schossen wie Pilze aus dem Boden.

In der Zeit des wirtschaftlichen Aufschwungs nach dem Zweiten Weltkrieg konnte sich auch die Mittelklasse einen Urlaub an der Riviera leisten und so wurde die Küstenregion immer weiter zugebaut. Heute geht eine Stadt nahezu unbemerkt in die nächste über, Platz für Stell- und Campingplätze besteht meist nur im Hinterland und auch Parkmöglichkeiten für Wohnmobile sind äußerst rar. Um stressfrei die berühmten Städte kennenzulernen, sei jedem Wohnmobilurlauber dringend empfohlen, einen netten Campingplatz aufzusuchen und von dort die Region mit dem Zug zu erobern. So steht das Wohnmobil sicher, nach einem ausgiebigen Stadtbummel lädt der campingplatzeigene Pool zum Entspannen ein und Restaurants gibt es sowieso in Hülle und Fülle.

Das öffentliche Verkehrsnetz in Südfrankreich ist wirklich grandios: Busverbindungen in kurzer Zeittaktung gibt es nahezu in jeden Winkel der Region, und zwischen Menton und Marseille verkehrt direkt an der Küste

Vom Jardin Exotique besteht ein toller Blick auf Monaco und den exklusiven Hafen.

ein Regionalzug, der an zahlreichen Stellen hält. An den Bahnhöfen stehen zumeist auch Parkmöglichkeiten zur Verfügung.

SPECIAL

TRANSPORT EXPRESS RÉGIONAL

TER ist die Abkürzung für ein Regionalbahn-Ticket der französischen Bahn SNCF. Das Schienennetz ist sehr gut ausgebaut, die Züge verkehren an der Côte d'Azur im 20-Minuten-Takt und Bahnhöfe gibt es alle paar Kilometer. Das TER-System wird mit Steuergeldern subventioniert und die Tarife sind absolut erschwinglich: So kostet zum Beispiel ein Ticket für eine 25-minütige Zugfahrt von Antibes nach Nizza gerade einmal 4,50 Euro pro Person. Die Tickets werden am Automaten per EC- oder Kreditkarte bezahlt, die Anleitung erfolgt auch in deutscher Sprache.

MEKKA DER REICHEN UND SCHÖNEN

Monaco, nach dem Vatikan der zweitkleinste Staat der Welt, besitzt eine Fläche von 2,08 Quadratkilometern und die höchste Bevölkerungsdichte aller Staaten der Erde. Das sieht und spürt man deutlich und aufgrund der Verkehrssituation und dem Wohnmobil-Parkverbot auf öffentlichen Straßen ist die Anreise mit dem Zug ganz besonders empfehlenswert. Wer das freie Fürstentum trotzdem unbedingt mit dem Auto besuchen möchte, dem steht in der Avenue des Guelfes (43.726398, 7.417180) das einzige Wohnmobil-Parkhaus Europas zur Verfügung. Dieses hat allerdings nur Platz für 15 Mobile, ist eng und mit über 40 Euro pro Tag auch sehr teuer (max. Höhe 3,40 m, Übernachtungsverbot, Reservierung empfohlen, Tel. +377 98 98 81 83). Hier befindet sich der Besucher im Industrieviertel

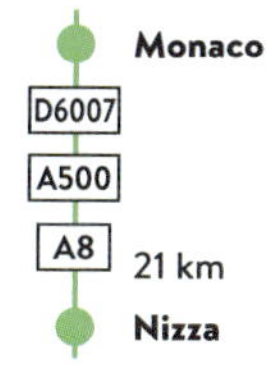

Die traditionelle Wachablösung auf dem Place de Palais

Fontvieille, das künstlich im Meer aufgeschüttet wurde. Unter dem jetzigen Fürsten Albert entsteht gerade die neue Halbinsel Le Portier mit zusätzlichen sechs Hektar, denn nach wie vor begehren die Multimillionäre Europas exquisiten Wohnraum in dem beliebten Steuerparadies.

Sowohl vom Parkhaus wie auch vom Bahnhof aus ist das touristische Highlight von Monaco, der Fürstenpalast, zu Fuß gut zu erreichen. Auf der **Place de Palais** sollte man allerdings unbedingt um kurz vor 12 Uhr mittags eingetroffen sein, um die traditionelle, pompöse Wachablösung vor der ansonsten schlichten Residenz mitzuerleben. Wenn über dem **Le Palais Princier** dann auch noch die monegassische Flagge weht, weiß jeder Besucher, dass der Fürst, dessen Familie nahezu wöchentlich die Boulevardpresse belebt, zu Hause weilt. Der Palast stammt ursprünglich aus dem 13. Jahrhun-

SPECIAL

DIE FÜRSTENFAMILIE GRIMALDI

Das Adelsgeschlecht der Grimaldi aus Genua eroberte 1297 mittels einer List die Festung Monaco. Seitdem ist die Staatsform eine konstitutionelle Erbmonarchie und nur einmal in seiner Geschichte war eine Frau Fürstin des Stadtstaates. Charlotte, Mutter von Rainier III., dankte 1944 zugunsten ihres Sohnes ab. Bereits 1489 wurde die Unabhängigkeit Monacos durch den König von Frankreich und Herzog von Savoyen festgeschrieben. Mit der Anbindung an das Eisenbahnnetz und der Eröffnung der Spielbank von Monte-Carlo unter Albert I. kam der internationale Jetset und seitdem begeistert sich die Regenbogenpresse für die Familie Grimaldi.

dert und steht auf dem 300 Meter breiten und 800 Meter langen Felsen Le Rocher. Unweit des Palastes, von dem ein grandioser Blick auf die Stadt gegeben ist, lädt die Cathédrale Saint-Nicolas zu einem Moment des Innehaltens ein. Hier ruht auch die 1982 bei einem Unfall verstorbene Gracia Patricia Grimaldi, die ehemalige US-Schauspielerin Grace Kelly, die nach ihrer Hochzeit mit Fürst Rainier III. zur Fürstin von Monaco wurde. Auf dem Weg zum Hafen kommt der Monaco-Besucher noch am Musée Océanographique vorbei, das mit seinem einzigartigen Fachwissen und etwa 6000 Arten in 90 Aquarien zu einem der besten Meereskundemuseen der Welt zählt.
Auf der anderen Seite des großen Hafens von Monaco, wo sich unzählige Luxusjachten bewundern lassen, beginnt der Stadtteil **Monte-Carlo**, der in erster Linie für sein Casino berühmt ist, dessen Empfangshalle sogar kostenlos besichtigt werden kann. Rundum ist das Mekka der Reichen und Schönen, denen an Designergeschäften alles geboten wird, was das Herz begehrt.
Monaco besitzt trotz der beengten Verhältnisse mehrere schöne Gärten und Parks, von denen besonders der **Jardin Exotique** einen Besuch wert ist. Er liegt oberhalb der Stadt und von hier ist ein überwältigendes Panorama geboten. Dem exotischen Garten sind das Musée d'Anthropologie Préhistorique und die Grottes de l'Observatoire angeschlossen, ein wirklich sehenswertes und erstaunlich preiswertes Ensemble.

Nizza
A8 15 km
Cagnes-sur-Mer

EINE PERLE DER CÔTE D'AZUR

Nizza ist die nächste sehenswerte Stadt an der Französischen Riviera, aber auch hier gibt es kaum Parkmöglichkeiten für Wohnmobile und erst recht keinen offiziellen Stellplatz. Dafür liegt der Bahnhof ganz zentral und auf seinem Vorplatz befindet sich auch gleich das Office de Tourisme, das einen kostenlosen Stadtplan in deutscher Sprache bereithält. Nach nur wenigen Gehminuten ist die Shoppingmeile **Avenue Jean-Médecin** erreicht, auf der man in aller Ruhe bis zur Place Masséna und dem imposanten Springbrunnen mit der Apollostatue entlangspazieren kann. Nun sollte man sich nach links wenden und der Beschilderung **Marché aux Fleurs** folgen. Der berühmte Blumenmarkt

Nizzas berühmte Promenade des Anglais führt entlang der Bucht »Baie des Anges«.

↑ Marché aux Fleurs in Nizza
↓ Place Masséna mit Apollostatue

am Cours Saleya, der jeden Vormittag auch mit Obst, Gemüse und duftenden Gewürzen lockt, ist ein Erlebnis für sich und wer ein kleines Mitbringsel sucht, wird hier sicherlich fündig werden. Das farbenfrohe und lebendige Markttreiben lässt sich auch bestens von einem Straßencafé aus beobachten. Die **Colline du Château**, den Schlossberg, kann der Besucher über eine Treppe zwar schon von der Strandseite aus erklimmen, wesentlich angenehmer ist sie allerdings von der Hafenseite aus zu erobern. Verzichten sollte man auf die Besichtigung auf gar keinen Fall, denn der historische Park mit dem gewaltigen Wasserfall und vor allen Dingen der Blick aus 92 Meter Höhe auf die Stadt ist wirklich wunderschön.
Nizza ist mit 350 000 Einwohnern die fünftgrößte Stadt Frankreichs und dementsprechend viel gibt es zu sehen. So ist der **Train Touristique de Nice** vielleicht für viele eine Option, bequem und mittels Audiokommentar alle Sehenswürdigkeiten kennenzulernen. Der Touristenzug startet jede halbe Stunde am Parc Albert I. und fährt während der 40-minütigen Rundfahrt auch auf den Schlossberg hinauf, wo im Mittelalter noch alle 4000 Einwohner lebten. Damals gehörte Nizza noch nicht zu Frankreich und während einer kriegerischen Auseinandersetzung wurden das Château und die An-

SPECIAL

LA CUISINE NISSARDE

Das bekannteste Gericht aus der Küche Nizzas ist unbestritten Salade niçoise, bestehend aus grünem Salat mit Thunfisch, Eiern, Sardellen, Artischocken, Sellerie, schwarzen Oliven und einem Dressing auf Olivenölbasis. Traditionell wird der Salat mit in Öl gerösteten und mit Knoblauch eingeriebenen Brotscheiben serviert, Pan Bagnat genannt. Eine weitere traditionelle Speise ist Socca, ein dünner Pfannkuchen aus Kirchererbsenmehl, der auf einem großen Kupferblech im Holzofen gebacken wird. Mit frischem Pfeffer bestreut, wird er portionsweise auch auf dem Blumenmarkt von Nizza verkauft und gleich vor Ort noch heiß verzehrt.

siedlung um 1706 von Sonnenkönig Louis XIV. zerstört.
Ein absolutes Muss ist natürlich ein Bummel über die berühmte, acht Kilometer lange, von edlen Hotels gesäumte Strandpromenade **Promenade des Anglais**, die der Baie des Anges (Engelsbucht) folgt. Der Name der Bucht ehrt Réparate, die der Legende nach als Märtyrerin aus dem Heiligen Land kam und verbrannt werden sollte, was jedoch misslang. Daraufhin wurde sie in einer Barke auf dem Mittelmeer ausgesetzt und alsdann von Engeln zurück an Land gebracht. Seitdem ist Réparate die Schutzheilige der Stadt, ihr ist auch die gleichnamige Kathedrale in der Altstadt gewidmet.
Nizza gilt nach Paris als die Stadt mit den meisten Museen Frankreichs. In den hochrangigen Kunstmuseen sind neben anderen zahlreiche Werke von Matisse, Chagall oder Picasso zu sehen. Im **Musée des Beaux-Arts**, in einer traumhaften Belle-Époque-Villa der ehemaligen ukrainischen Prinzessin Kotschoubey, ist moderne Kunst von Christo, Niki de Saint Phalle und vielen weiteren zu bewundern – nehmen Sie sich für Nizza also ein bisschen Zeit.

FAHRRADMEKKA CÔTE D'AZUR

Cagnes-sur-Mer
D2085 6 km
Villeneuve-Loubet

In der Küstenregion Südfrankreichs sind in den letzten Jahren hervorragende Fahrradwege geschaffen worden. Entlang der Route du Bord de Mer zwischen Antibes und Nizza ist durchgehend über 24 Kilometer eine zweispurige, separierte Strecke entstanden, sodass der Urlauber die Region bestens per Rad erkunden kann. Auch im bergigen Hinterland gibt es zahlreiche reizvolle Mountainbike-Routen, wohl dem, der ein E-Bike sein Eigen nennt.
Cagnes-sur-Mer ist nur zwölf Kilometer von der berühmten Promenade des Anglais in Nizza entfernt, der große Hafen von Antibes Richtung Westen ist genauso schnell erreicht. Aber auch in Cagnes-sur-Mer gibt es einiges zu entdecken, denn ganz **Haut-de-Cagnes**, das äußerst beeindruckend hoch über dem Meer thront, hat eine geheimnisvolle, mittelalterliche Altstadt Village Perché. Die Anhöhe wird von dem imposanten **Château Grimaldi** beherrscht, in dem sich heute unter anderem ein Olivenbaum-Museum

Haut-de-Cagnes und das Château Grimaldi sind beliebte Ausflugsziele.

↑ Im mittelalterlichen Saint-Paul-de-Vence
↓ In der idyllischen Altstadt von Vence

befindet und von dessen Schlossturm sich ein fantastisches Panorama bietet. Das alte Viertel rundum ist einer der Touristenmagnete der Côte d'Azur, es mangelt also nicht an Souvenirläden, Cafés und Restaurants. Unterhalb von Haut-de-Cagnes liegt der ruhige Camping Le Colombier und nach wenigen Kilometern stehen in **Villeneuve-Loubet** weitere angenehme Plätze zur Verfügung. Wahrzeichen dieses Ortes sind die riesigen Pyramidenhäuser am Jachthafen und für den Gourmet unter den Wohnmobilisten ist im Herzen des alten Dorfes sicherlich das **Musée Escoffier** interessant. Im Geburtshaus des Starkochs Auguste Escoffier, der in seiner Laufbahn für Könige kochte und 2000 Köche ausbildete, ist ein bezauberndes kleines Museum der kulinarischen Genüsse untergebracht.

AUSFLUG INS HINTERLAND

In Cagnes-sur-Mer starten wir zu einer 70 Kilometer langen Rundfahrt durch die wildromantische Landschaft abseits der Küste. Rund um die verträumten Bergdörfer gibt es die herrlichsten Wandermöglichkeiten, Entspannung pur nach den vorangegangenen turbulenten Besichtigungen. **Saint-Paul-de-Vence**, nur 22 Kilometer von Nizza entfernt, ist auch eines der touristischen Highlights der Côte d'Azur, denn das Künstlerdorf ist absolut sehenswert. In nahezu jedem Haus sind fantastische Ateliers und Galerien zu entdecken, sodass der Besucher gar nicht aus dem Staunen herauskommt. Ob farbenfrohe Comicdrucke, extravagante Skulpturen, außergewöhnliche Gemälde – innerhalb der mittelalterlichen Stadtmauern herrscht ein überbrodelnder Ideenreichtum. Unbedingt sollte der Besucher bis an das andere Ende des 3500-Seelen-Ortes zu einem kurzen Besuch des dortigen Friedhofes spazieren. Hier ruht unter einer blumengeschmückten Grabplatte der 1985 verstorbene Maler Marc Chagall, der mit seinen unvergleichlichen Bildern ganze Märchen und Mythen erzählte. Aber auch den Blick über die sanft hügelige Landschaft bis hinunter ans Meer sollte man nicht verpassen.

Künstlerisch geht es auch in der **Fondation Maeght** zu, mit 200 000 Besuchern jährlich das am zweitmeisten besuchte Museum für moderne Kunst in Frankreich. Das private Museum befindet sich in unmittelbarer Nähe der Altstadt in einem ungewöhnlichen Gebäude, an dessen Gestaltung so berühmte Künstler wie Georges Braque oder der Spanier Miró beteiligt waren. Parkmöglichkeiten für Wohnmobile gibt es im Chemin des Gardettes (43.702243, 7.116902).

Vence ist nur wenige Kilometer entfernt und hier geht es eher bodenständig zu. 19 000 Menschen leben und arbeiten in dem umtriebigen Städtchen, das eine ganz bezaubernde Altstadt besitzt. Auf der zentralen Place de Clemenceau findet hier jeden Morgen ein Blumen- und Gemüsemarkt statt, der jeden Mittwoch noch zum Trödelmarkt erweitert wird.

Ganz besonders empfehlenswert ist mitten in der Altstadt der Besuch der romanischen **Cathédrale Notre-Dame**, die bereits im 10. Jahrhundert gegründet wurde. Vence war einst der kleinste Bischofssitz Frankreichs, groß ist die Kathedrale also nicht, aber großartig sind die hochinteressanten Informationen, die dem Besucher auch auf Deutsch zur Verfügung gestellt werden. Neben zahlreichen antiken sakralen Skulpturen ist im Kircheninneren auch ein modernes Moses-Mosaik von Marc Chagall zu bewundern – die Côte d'Azur bietet unbestritten die höchste Dichte zeitgenössischer Kunst in Frankreich, wenn nicht sogar in ganz Europa.

Villeneuve-Loubet
M336 12 km
Saint-Paul-de-Vence
D2
M236 6 km
Vence
M36
D2210 17 km
Le Bar-sur-Loup

Auf einem Hügel oberhalb des Ortes steht noch die kleine **Chapelle du Rosaire**, die von dem Maler Henri Matisse innerhalb von vier Nachkriegsjahren gestaltet wurde. 1951 wurde sie vom Bischof von Nizza feierlich eingeweiht und kann seitdem gegen einen kleinen Obolus besichtigt werden. In den Hügeln der Region gibt es mehrere Campingplätze, von denen hier Camping Domaine de la Bergerie genannt werden soll.

Die Route de Grasse D2210 führt an dem kleinen Wehrdorf **Tourrettes-sur-Loup** vorbei und bald darauf ist **Le Bar-sur-Loup** erreicht, beides ideale Ausgangspunkte für eine Wanderung entlang der Gorges du Loup, der wildromantischen Schlucht des

Das Orangenfest in Le Bar-sur-Loup wird jedes Jahr am Ostermontag gefeiert.

Flusses Loup. Vom gleichnamigen Camping Les Gorges du Loup hat der Urlauber einen herrlichen Blick auf die umliegenden Berge und hinunter ins Flusstal. Le Bar-sur-Loup ist ein mittelalterliches Dorf hoch oben auf einem Felsen, auf dessen höchstem Punkt das ehemalige Schloss der Grafen von Grasse thront. Symbol des Ortes sind die Orangenbäume und jeden Ostermontag wird das Fest des Bitterorangenbaumes gefeiert. Dann wird auch der beste Orangenlikör prämiert. Die Rundfahrt führt nun zu einem kleinen Fotostopp am Wasserfall **Cascades du Saut du Loup**, um bald darauf auf die D3 in Richtung **Gourdon** abzubiegen. Das Dorf befindet sich in spektakulärer Lage 740 Meter über dem Meeresspiegel und gehört zum illustren Kreis der »Plus Beaux Villages de France«. Eine Parkmöglichkeit gibt es am Straßenrand (43.720938, 6.977339) außerhalb des Ortes, in dem es sich lohnt, ausgiebig zu bummeln und nett einzukehren. Wer sich ein wenig gruseln möchte, dem sei im hiesigen Château das Musée Historique mit seiner beeindruckenden Anzahl von Folterinstrumenten empfohlen.

↑ Château Grimaldi in Antibes
↓ Marché couvert in Antibes

Über Châteauneuf-Grasse sind die Campingplätze bei Villeneuve-Loubet nach 25 Kilometern wieder erreicht, wer Interesse an einer Führung zum Thema Duftwässerchen hat, wird sicherlich den kurzen Abstecher nach **Grasse** in die »Welthauptstadt des Parfums« machen. Eine Besichtigung des Städtchens selbst lohnt sich wenig, aber das Musée International de la Parfumerie und das historische Werk von Fragonard sind schon einen Besuch wert (museesdegrasse.com). Parkmöglichkeiten für Wohnmobile gibt es am Bahnhof (43.653145, 6.925292) oder im Industriegebiet, z. B. bei Decathlon (43.655255, 6.938050).

MITTELMEERCHARME VOM FEINSTEN

Antibes besitzt eine bildschöne Altstadt, in der von Dienstag bis Sonntag ein überdachter Markt stattfindet. Darüber hinaus bauen auf der Place Nationale jeden Donnerstag und Samstag fliegende Händler Kleider- und Flohmärkte auf und so ist das idyllische Städtchen sehr lebendig. Cafés und Restaurants gibt es in Hülle und Fülle, man bummelt und shoppt, man trifft sich und tauscht Neuigkeiten aus – Antibes hat Stil und Charakter, aber auch eine Menge Kultur!

Blick auf den riesigen Hafen von Antibes und das sehenswerte Fort Carée

Direkt am Marktplatz **Cours Masséna** steht die Cathédrale Notre-Dame-de-l'Immaculée-Conception, deren Glockenturm aus dem 12. Jahrhundert einst als Wachturm diente. Immer wieder überfielen Sarazenen aus Afrika die Küstenstädte am Mittelmeer, um die Menschen als Sklaven zu verkaufen oder Lösegeld zu erpressen. Neben der Kathedrale ist das **Château Grimaldi** besuchenswert, denn hier ist eine umfassende Sammlung von Pablo Picasso zu sehen. Im Jahre 1946 lebte und arbeitete der schon damals berühmte Künstler in Antibes und schenkte der Stadt seine hier entstandenen Werke. Die Sammlung verzeichnet inzwischen eine beeindruckende Größe und bildet mit den Werken von Miró im Skulpturengarten eine stimmige Symbiose.

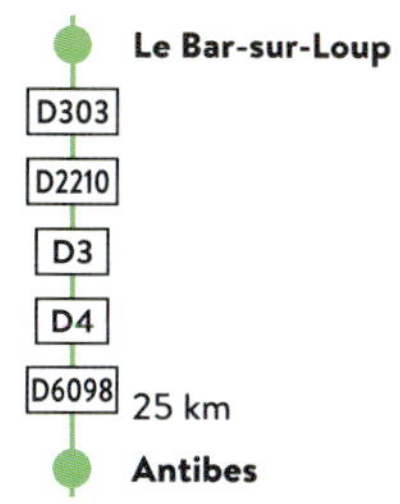

Vom Château zieht es den Besucher magisch auf die Stadtmauer **Promenade Amiral de Grasse**, wo man hoch über Strand und Meer genüsslich flanieren kann. Vom Vieux Port sollte man unbedingt noch am Jachthafen entlang- und einmal um den Burgberg herum spazieren. Das imposante **Fort Carré** ist von Sébastien Vauban im 17. Jahrhundert zu einer mächtigen Verteidigungsanlage ausgebaut worden. Es kann gegen eine geringe Gebühr besichtigt werden und schon allein das fantastische Panorama hinüber zur Stadt begeistert. Schier unendlich scheint die Zahl der im Jachthafen liegenden Schiffe zu sein, imposante Luxusliner und futuristische Segler, so weit das Auge blickt, und hinter allem

KULTUR

PABLO PICASSO

Der spanische Maler und Bildhauer (1881–1973) hatte bereits mit 19 Jahren seine erste Einzelausstellung und avancierte zu dem wohl bedeutendsten Künstler des 20. Jahrhunderts. Er schuf insgesamt 15 000 Gemälde, 3200 Keramiken, 7000 Zeichnungen, 1200 Skulpturen und 20 000 Druckgrafiken. Picasso gilt als Genie und revolutionärer Erfinder des Kubismus, dem eine völlig neue Bildauffassung zugrunde liegt. Die Gemälde geben nicht mehr das Gesehene wieder, sondern es wird mit Perspektiven und Materialien experimentiert, Körper und Gegenstände werden zersplittert dargestellt – der Vorläufer der abstrakten Kunst.

Cannes – Blick auf den Hafen und den Filmpalast von der Église Notre-Dame-d'Espérance

Antibes
D6098
D6107
D6007 12 km
Cannes

erhebt sich majestätisch der Glockenturm der Kathedrale – ein Anblick, der wohl immer in Erinnerung bleibt. Für den kurzen Stadtbesuch findet man mit etwas Glück gegenüber dem Fort Carré am Seitenstreifen der D6098 eine Parkbucht (43.593804, 7.125243) oder einen Platz am Hafen (43.585499, 7.121090).

FILMFESTSPIELSTADT CANNES

Nicht nur im Mai zur Zeit der Internationalen Filmfestspiele und der Verleihung der Goldenen Palme ist Cannes in aller Munde – Stars, Möchtegern-Sternchen und die Reichen dieser Welt kommen das ganze Jahr über gern in den Nobelort. Man flaniert entlang der berühmten **Promenade La Croisette**, beehrt die diversen Designergeschäfte und verbringt den Abend auf der im Hafen ankernden Luxusjacht. Leider ist dem gemeinen Wohnmobilisten eine solche Idylle nicht gegönnt, denn im gesamten Stadtgebiet hängen Schilder, die darauf hinweisen, dass Wohnmobile abgeschleppt werden – bitte ernst nehmen! Somit bleibt für den Besuch von Cannes wieder nur der Zug, der Bahnhof liegt aber so zentral, dass der Urlauber gleich mitten im Geschehen weilt. Während des Stadtbummels sollte man unbedingt den kurzen Aufstieg zur Église Notre-Dame-d'Espérance wagen, die auf dem Altstadthügel Le Suquet errichtet wurde, von wo man einen traumhaften Blick über die Stadt, den Hafen und den Golfe de la Napoule genießt.

SPECIAL

PARFUMSTADT GRASSE

Die Blütezeit der Parfumherstellung in Grasse begann zur Zeit von Sonnenkönig Ludwig XIV., an dessen Hof die Benutzung von Duftwässerchen sogar vorgeschrieben war. Die benötigten Blumen wie Rosen, Jasmin oder Lavendel wuchsen in der Umgebung bestens und Grasse wurde eine reiche Stadt. Um 1950 begann der Stern von Grasse zu sinken, da die meisten Düfte inzwischen sehr viel preiswerter im Ausland geerntet oder durch synthetische Stoffe ersetzt wurden.

PRAKTISCHE HINWEISE

TOURISTINFORMATIONEN

Office de Tourisme Menton
8 Avenue Boyer,
06500 Menton,
Tel. +33 4 83937020,
menton.fr

Office de Tourisme Monaco
2 Boulevard des Moulins,
98000 Monaco,
Tel. +377 92 166166,
visitmonaco.com

Office de Tourisme Nice
Avenue Thiers am Bahnhof,
06000 Nice,
Tel. +33 4 92144614,
nicetourisme.com

Office de Tourisme Cagnes-sur-Mer
6 Boulevard du Maréchal Juin,
06800 Cagnes-sur-Mer,
Tel. +33 4 93206164,
tourisme.cagnes.fr

Office Tourisme Antibes
Place Guynemer,
06600 Antibes,
Tel. +33 4 22106001,
antibesjuanlespins.com

Office de Tourisme Saint-Paul-de-Vence
2 Rue Grande,
06570 Saint-Paul-de-Vence,
Tel. +33 4 93328695,
saint-pauldevence.com

Office de Tourisme Vence
Place du Grand Jardin,
06140 Vence,
Tel. +33 4 93580638,
vence-tourisme.fr

Office de Tourisme Cannes
am Bahnhof sowie im Festival-Palais am Vieux Port,
cannes.com

MUSEEN/AUSFLÜGE/ ATTRAKTIONEN

Jardin du Palais Carnolès
3 Avenue de la Madone,
06500 Menton, menton.fr
Der Zitronengarten in der ehemaligen Sommerresidenz der Fürsten von Monaco ist täglich geöffnet und im hiesigen Palais ist das Musée des Beaux-Arts untergebracht.

Jardin Exotique de Monaco
62 Boulevard du Jardin Exotique, 98000 Monaco,
Tel. +377 93 152980,
jardin-exotique.mc
Die Anlage ist täglich geöffnet.

Musée Océanographique de Monaco
Avenue Saint-Martin,
98000 Monaco,
Tel. +377 93 153600,
musee.oceano.org
Das Museum ist täglich geöffnet.

Musée des Beaux-Arts de Nice
33 Avenue des Baumettes,
06000 Nice,
Tel. +33 4 92152828,
musee-beaux-arts-nice.org,
mamac-nice.org
Das Museum ist montags geschlossen.

Musée Escoffier de l'Art Culinaire
3 Rue Auguste Escoffier,
06270 Villeneuve-Loubet,
Tel. +33 4 93208051,
musee-escoffier.com
Das Museum ist täglich geöffnet.

Musée Picasso
Château Grimaldi, Place Mariejol, 06600 Antibes,
Tel. +33 4 92905420,
antibes-juanlespins.com
Das Museum ist montags geschlossen.

Fondation Maeght
623 Chemin des Gardettes,
06570 Saint-Paul-de-Vence,
Tel. +33 4 93328163,
fondation-maeght.com
Das Museum ist ganzjährig geöffnet.

Parfumeur Fragonard
20 Boulevard Fragonard,
06130 Grasse,
Tel. +33 4 93364465, usines-parfum.fragonard.com

Freier Eintritt und kostenlose Führungen auch in deutscher Sprache werden sieben Tage die Woche das ganze Jahr über angeboten.

CAMPINGPLÄTZE

C 100 **Camping Por la Mar** (S. 177 H3)
Corso Nizza 107,
Località Latte,
18039 Ventimiglia,
Tel. +39 184 229626,
campingporlamar.com
GPS: 43.793590, 7.563252
Der Campingplatz liegt nahe der Grenze zu Frankreich direkt an der ligurischen Küste. Achtung: recht schmale Einfahrt, nur von einer Seite anfahrbar. Der Ortsteil Latte mit Geschäften gehört zu Ventimiglia, der Platz ist 100 m vom Meer entfernt und hat einen direkten Zugang zum Strand. Minimarkt vorhanden und kostenloses WLAN auf dem ganzen Platz. Es wird ein preiswerter Shuttleservice nach Menton, Monaco und San Remo angeboten. Ganzjährig geöffnet.

C 101 **Camping Le Colombier** (S. 177 F4)
35 Chemin de Sainte-Colombe,
06800 Cagnes-sur-Mer,
Tel. +33 4 93731277,
campinglecolombier.com
GPS: 43.669391, 7.140576
Der kleine Campingplatz liegt im Grünen, 1,5 km von Haut-de-Cagnes und 2 km vom Strand und Bahnhof entfernt. Snackbar und Brötchenservice

Camping Parc des Maurettes in Villeneuve-Loubet

sind vorhanden, nur Barzahlung. Anfang April bis Ende September geöffnet.

C 102 **Camping Parc des Maurettes** (S. 177 F5)
730 Avenue du Docteur Lefèbvre, 06270 Villeneuve-Loubet, Tel. +33 4 93209191, parcdesmaurettes.com
GPS: 43.631053, 7.129842
Der Terrassencampingplatz hat einen schönen Baumbestand, ein kleines Hallenbad mit Sauna, WLAN auf dem ganzen Gelände. Der Strand ist 500 m entfernt, der Bahnhof fußläufig erreichbar. Anfang Januar bis Mitte November geöffnet.

C 103 **Camping La Vieille Ferme** (S. 177 F5)
296 Boulevard des Groules,
06270 Villeneuve-Loubet,
Tel. +33 4 93334144,
vieilleferme.com
GPS: 43.620152, 7.125992
Der große 4-Sterne-Campingplatz hat einen schönen Baumbestand. Es gibt ein beheiztes Schwimmbad, Brötchenservice und eine Snackbar. Der Bahn-

Camping La Vielle Ferme in Villeneuve-Loubet

Camping Le Colombier in Cagnes-sur-Mer

Camping Domaine de la Bergerie in Vence

hof Biot ist in 15 Minuten zu Fuß erreicht. Es besteht eine Busverbindung ins 5 km entfernte Zentrum von Antibes. Anfang Januar bis Ende Oktober geöffnet.

C 104 **Camping Domaine de la Bergerie** (S. 177 F4)
1330 Chemin de la Sine,
06140 Vence,
Tel. +33 4 93580936,
camping-domainedela
bergerie.com
GPS: 43.711502, 7.090316
Der große 3-Sterne-Campingplatz liegt mitten im Wald etwa 2 km von Vence entfernt. Es gibt ein Restaurant, einen Minimarkt mit Brötchenservice und zwei Schwimmbäder. Ende März bis Mitte Oktober geöffnet.

C 105 **Camping Les Gorges du Loup** (S. 177 E4)
965 Chemin des Vergers,
06620 Le Bar-sur-Loup,
Tel. +33 4 93424506,
lesgorgesduloup.com
GPS: 43.701629, 6.995009
Der kleine 4-Sterne-Campingplatz besitzt einen beheizten Pool, Minimarkt mit Brötchenservice ist vorhanden, in der Saison Imbiss, das Dorf ist 1 km entfernt. Achtung: nur von Norden anfahrbar! Ende März bis Ende Oktober geöffnet.

Camping Les Gorges du Loup in Le Bar-sur-Loup

Das zerklüftete, rote Esterel-Gebirge bietet herrliche Wander- und Mountainbikerouten.

2

DAS ESTEREL-GEBIRGE UND DER GOLFE DE SAINT-TROPEZ

Eine landschaftlich traumhafte Strecke entlang der Corniche d'Or

Der Streckenabschnitt bis zum Cap Dramont dürfte einer der schönsten der gesamten Côte d'Azur sein. Wahrlich traumhafte Ausblicke auf die Goldene Küste bezaubern immer wieder aufs Neue, die Sonne glitzert im türkisfarbenen Wasser und hoch über dem Meer lädt das imposante Massif de l'Esterel zum Wandern ein. Saint-Tropez bringt dann wieder ein wenig Glamour in diese Tour – was will man mehr?

Die Fahrt entlang der Küstenstraße D559 könnte idyllischer kaum sein! 25 Kilometer geht es das Mauren-Massiv entlang von Mandelieu-la-Napoule bis nach **Agay**, das offiziell zu Saint-Raphaël gehört. Rund um die Bucht Rade d'Agay und das Cap Dramont sind mehrere Campingplätze angesiedelt, beste Voraussetzungen also nicht nur zum Baden, sondern auch für schöne Wanderungen im Esterel-Gebirge.

GRANDIOSES MASSIF DE L'ESTEREL

Das Vulkangestein dieser Bergkette schimmert in ungewöhnlichen Rottönen und durch das plötzliche Erkalten des Magmas sind bizarre Formen entstanden. Die typischen südfranzösischen Macchia-Pflanzen wie Heidekraut, Zistrosen und Stechginster gibt es in Hülle und Fülle, Korkeichen und Strandkiefern spenden Schatten und vereinzelt entdeckt der Wanderer auch wilde Oliven- und Kastanienbäume. Ganze 90 Kilometer Wanderwege und 100 Kilometer Mountainbike-Strecken stehen zur Verfügung, die höchste Erhebung mit 614 Höhenmetern ist der Mont Vinaigre. Im Esterel-Gebirge genießt man völlig unberührte Natur.

Havarie mit einem Felsen am Cap Dramont

Ganz besonders empfehlenswert ist die bestens beschilderte, etwa 2,5-stündige Wanderung zum 453 Meter hohen Pic du Cap Roux, das Panorama hinunter zum Meer hierbei ist absolut grandios. Ob mit dem Wohnmobil oder dem Fahrrad, ein idealer Ausgangspunkt für diese Wanderroute ist Parking du Rocher de Saint-Barthélémy (43.445392, 6.890646). Das Übernachten hier ist aller-

ROUTE 2

START- UND ENDPUNKT
Agay und Bormes-les-Mimosas

STRECKENLÄNGE
ca. 100 km

FAHRZEIT
3 bis 4 Tage

BESTE JAHRESZEIT
Februar bis Oktober

Start Agay
D559 10 km
Saint-Raphael

AUSFLUG

AM CAP DRAMONT

Wunderschön ist auch die Wanderung auf dem Sentier littoral du Cap Dramont. Auch hier sind die Wege gut begehbar und spätestens am Belvédère de La Batterie, mit Traumblick über die Rade d'Agay, ist der perfekte Zeitpunkt für ein nettes Picknick gekommen. Unten im kleinen Port du Poussaï lädt dann das Hafenbistro zum Verweilen ein, die vorgelagerte Île d'Or ist das Paradies der Möwen. Bester Ausgangspunkt für diese leichte Wanderung ist der Campingplatz Plage du Dramont.

Saint-Raphael
D559 14 km
Saint-Aygulf

dings verboten, da vor allen Dingen im Hochsommer eine extreme Waldbrandgefahr besteht. Das Esterel-Gebirge steht zum größten Teil unter Naturschutz, somit sollten die Wanderwege nicht verlassen werden und Hunde sind an der Leine zu führen. Bei starken Mistral-Winden ist das Betreten des Gebirges ganz untersagt.
Unter Mistral versteht man ein Windphänomen, das es nur in Südfrankreich gibt. Der meist trockene, kühle Fallwind entwickelt sich im Rhône-Tal, rast zwischen Zentralmassiv und Alpen südwärts und kommt im Golf von Lion mit Orkanstärke an. Dort weht er Stunde um Stunde in gleicher Stärke Tag und Nacht oft eine ganze Woche lang und die Provence ist im Ausnahmezustand. Der Himmel ist unnatürlich klar, die Sicht ist ausgezeichnet und nachts funkeln die Sterne fast gespenstisch – wahrlich ein Erlebnis!

AUF DEN SPUREN DER RÖMER

Saint-Raphaël ist das nächste Ziel und noch vor Ortsbeginn liegt der Hafen Santa Lucia, der drittgrößte Jachthafen Frankreichs. Dort findet der Wohnmobilist einige Parkmöglichkeiten, wo auch übernachtet werden darf (43.412355, 6.782753).
Am Vieux Port beginnt das Zentrum, hier wird jeden Morgen frischer Fisch verkauft und auch der tägliche Wochenmarkt auf der

Place Victor Hugo ist nicht weit entfernt. Die 35 000-Einwohner-Stadt Saint-Raphaël bietet viel für den Shopping-Spaß, die große Promenade ist perfekt zum Flanieren und die schönen Sandstrände haben an der Côte d'Azur tatsächlich eher Seltenheitswert. **Fréjus** kann auch mit einem Touristenbähnchen erkundet werden, wer mit dem Wohnmobil kommt, findet die beste Park- und Übernachtungsmöglichkeit in der Rue Armand Duvivier auf dem kostenlosen Parking Pinelli (43.437709, 6.736218). Nach einem kurzen Spaziergang durch den sich anschließenden Parc du Clos de la Tour ist dann schon die idyllische Altstadt erreicht und auch die historischen Sehenswürdigkeiten sind nicht weit entfernt.

Fréjus war einst eine bedeutende römische Ansiedlung und in dem gut erhaltenen Amphitheater **Les Arènes** treten regelmäßig berühmte Musiker auf. Auch das **Théâtre Romain** dient nach wie vor als Veranstaltungsort und kann besichtigt werden. Die gallorömischen Funde von Fréjus sind im **Musée Archéologique** ausgestellt, hier befindet sich auch der zweiköpfige Hermes, das Wahrzeichen der Stadt. Eines der ältesten christlichen Bauwerke Frankreichs ist in Fréjus ebenfalls zu bestaunen, ein achteckiges

Fréjus hat eine lange römische Vergangenheit.

Baptisterium aus dem 5. Jahrhundert. Beachtenswert ist weiterhin die **Cathédrale Notre-Dame et Sainte-Léonce** mit ihren besonders reichhaltigen Schnitzarbeiten an Türen und dem Dachstuhl aus Lärchenholz.

Die Küstenstraße D559 mit ihrem hier separierten Fahrradweg überquert den Fluss Argens, an dessen Ufer und unweit vom Meer der Camping La Plage d'Argens liegt. Am anderen Ende des langen Sandstrandes empfängt Camping de Saint-Aygulf Plage seine Gäste. Wir befinden uns mitten in einem wunderschönen Naturschutzgebiet rund um die **Étangs de Villepey**, ein Eldorado nicht nur für Hobbyornithologen. Im Delta des Flusses haben sich riesige Seen und Sümpfe gebildet, Heimat für 268 Vogelarten, die der Interessierte auf vielen Wanderwegen und einem Naturlehrpfad beobachten kann. Das kleine Paradies wird auch liebevoll »Petite Camargue« genannt.

Tipp

LA CAVE ROMAINE

Mit altrömischem Ambiente begrüßt diese Pizzeria ihre Gäste. Gemütlich sitzt man in dem versteckten Kellerrestaurant, das in der Stadt als Geheimtipp gilt. Ob Pizza, Pasta, Meeresfrüchte oder vegetarische Gerichte – es ist für jeden etwas dabei. Eine Reservierung wird empfohlen (114 Rue Camelin, 83600 Fréjus, Tel. +33 4 94515203, Di Ruhetag).

↑ Auf dem Strand von Sainte-Maxime kann man es sich richtig gut gehen lassen.
↓ Das Venedig der Provence – die farbenfrohe Lagunenstadt Port Grimaud

AM GOLFE DE SAINT-TROPEZ

Sainte-Maxime ist bereits nach 14 Kilometern erreicht und hier steht ausnahmsweise mal ein richtiger Stellplatz zur Verfügung. Der Badeort gilt als preiswerte Urlaubsalternative zum mondänen Saint-Tropez, wohin eine Fährverbindung besteht. Sainte-Maxime hat einen schönen Strand, eine mit Palmen gesäumte Promenade, einen Jachthafen, eine nette Fußgängerzone mit vielen Geschäften und Restaurants sowie natürlich ein Casino.
Der Schutzheiligen des Ortes, der heiligen Maxime, ist jedes Jahr im Mai eine militärisch-religiöse Bravade gewidmet, ein **Patronatsfest** in provenzalischer Tradition. Bunt und laut geht es zu, es gibt viel zu staunen, zu essen und zu trinken. Um auch ansonsten den Urlaubern etwas bieten zu können, veranstaltet die Gemeinde Ende Juni **La Fête de la Saint-Jean d'Été**, ein großes Feuerwerk zu Ehren von Johannes dem Täufer, und ein paar Tage später wird am Strand der Schutzpatron der Fischer St. Peter geehrt. Eigentlich ist in Sainte-Maxime und Umgebung immer was los, und natürlich wird auch der Nationalfeiertag am 14. Juli wie überall in Frankreich gebührend gefeiert. Im Jahre 1789 erfolgte an diesem Tag der Sturm auf die Bastille, welcher die Französische Revolution einläutete. Jede noch so kleine Gemeinde gedenkt heute dieses Ereignisses und feiert mit Militärparaden, Volksfesten und Feuerwerken die französische Devise: Liberté, Égalité, Fraternité – Freiheit, Gleichheit, Brüderlichkeit.
Nach **Port Grimaud** gelangt man zwar auch bestens über einen separierten Fahrradweg, kurz vor Ortsbeginn allerdings ist der naturbelassene Camping de la Plage ein guter Ausgangspunkt zur Erkundung der Region. Das provenzalische Venedig, wie Port Grimaud gern genannt wird, ist wirklich etwas ganz Besonderes. Vom Elsässer Architekten François Spoerry wurde die farbenfrohe Lagunenstadt in den 1960er-Jahren auf dem Reißbrett entworfen und ausgesprochen gelungen aufgebaut. Es lohnt sich, ein wenig entlang der insgesamt acht Kilometer langen Kanäle zu spazieren. Zahlreiche Brückchen werden überquert, es gibt Stadttore, einen schönen Marktplatz mit Arkaden und Geschäften sowie eine Kirche, deren Fenster von dem Künstler Victor Vasarely gestaltet wurden. Jedes der etwa 2000 pastellfarbenen Lagunenhäuser hat einen Bootsliegeplatz. Wer Port Grimaud ganz stilgerecht per Boot erkunden möchte, dem stehen einige Bootsverleiher zur Verfügung. Die einzige Parkmöglichkeit für Wohnmobile besteht bei dem hiesigen Supermarkt (43.263204, 6.577732), dort kann der Urlauber auch gleich den Wohnmobilkühlschrank auffüllen.

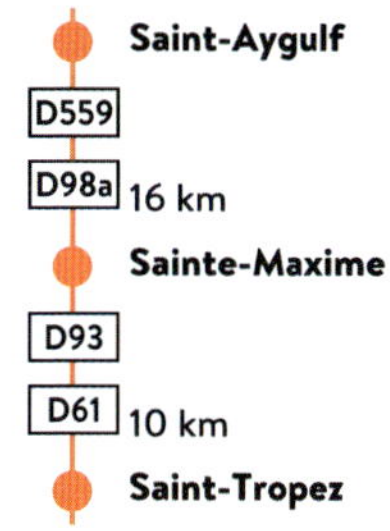

Grimaud, das namensgebende Dorf, liegt auf einem Hügel und ist ein malerisches mittelalterliches Wehrdorf etwa fünf Kilometer vom Meer entfernt. Das Wahrzeichen ist die Burg **Castrum de Grimaldo**, die während der Französischen Revolution stark zerstört wurde. Heute finden vor der nachts illuminierten Burgruine unter anderem die Musikfestivals Les Grimaldines statt. Am besten kommt man mit dem Bus hierher, denn Parkmöglichkeiten (z. B. 43.275925, 6.521438) sind rar.

EIN STÄDTCHEN VOLLER CHARME

Saint-Tropez war einst ein unbedeutender Fischerort, doch das änderte sich im 18. Jahrhundert, als man sich der lukrativen Hochseeschifffahrt und dem Mittelmeerhandel

Rund um den idyllischen Vieux-Port von Saint-Tropez herrscht eine tolle Atmosphäre.

zuwandte. Im 19. Jahrhundert eroberten Dampfschiffe die Meere und der kleine Hafen von Saint-Tropez versank wieder in der Bedeutungslosigkeit. Zwischen den beiden Weltkriegen entdeckten Maler und Schriftsteller die Idylle hier im Süden Frankreichs

Urige Strandbar am Plage Pampelonne

und in den 1960er-Jahren dann beehrten Brigitte Bardot und Gunter Sachs das Hafenstädtchen. Viele Prominente jeglicher Couleur folgten dem Ruf und »Sehen und Gesehenwerden« hieß bald die Devise. Obwohl Saint-Tropez viele Male totgesagt wurde, liegen hier nach wie vor zahlreiche Luxusjachten vor Anker, man trifft sich im Strandrestaurant **Club 55** und feiert nachts elitäre Partys. 45 Millionen Normaltouristen kommen pro Jahr hierher, die meisten sind Tagesbesucher, die mal ein wenig Jetset-Luft schnuppern wollen. Rund um den **Vieux-Port** reiht sich ein Café und Restaurant an das andere, hier nimmt man einen Aperitif, genießt den Sonnenuntergang und die einzigartige Atmosphäre dieses alten Hafens. Unbedingt sollte man aber auch die alten Stadtviertel erkunden, wo in einer schönen kleinen Kapelle das berühmte Kunstmuseum **Musée de l'Annonciade** zu entdecken ist. Auf engstem Raum sind hier Werke von Henri Matisse, Paul Signac, Georges Braque und vielen anderen ausgestellt. Das Wahrzeichen von Saint-Tropez ist die Pfarrkirche **Notre-Dame-de-l'Assomption**, deren ockerfarbener Glockenturm von Weitem zu erkennen ist. Dann geht es zur Zitadelle hinauf, die das besuchenswerte maritime Museum **Musée Naval** beherbergt. Der Blick von hier oben auf die Stadt und die Bucht von Saint-Tropez ist fantastisch, absolut grandios ist der Seemannsfriedhof **Cimetière Marin**, der von seiner Lage her wohl einer der schönsten der Welt sein dürfte. Hier ruht auch Roger Vadim, der Brigitte Bardot 1955 mit seinem Film »Und ewig lockt das Weib« berühmt gemacht hatte.

Auch wenn es für Wohnmobile keine offizielle Parkmöglichkeit gibt – in Saint-Tropez sollte man gewesen sein! Mit ein wenig Glück ergattert der Fahrer eine Parklücke am Seitenstreifen der D93 (43.263969, 6.626980), die in Richtung Plage Pampelonne führt. Dort gibt es sogar einen großen Stellplatz, Campingplätze in unmittelbarer Nähe des feinen, fünf Kilometer langen Sandstrandes sowie einige angesagte, hochpreisige Strandrestaurants. Der Nachwuchs des europäischen Geldadels steigt aus Bentleys, Maseratis und Ferraris, der gemeine Wohnmobilist erkundet die wunderschöne Halbinsel von Saint-Tropez am besten mit dem Fahrrad.

Saint-Tropez
D61 5 km
Ramatuelle

INS HÜGELLAND

Ramatuelle nennt sich das Gemeindegebiet, das sich hier sanft den Hügel hinaufzieht, der über und über mit Wein bepflanzt ist. Wer es

Blick von der Zitadelle auf Saint-Tropez und die Èglise Notre-Dame-de-l'Assomption

Von Gassin hat man einen Ausblick bis zum Golf von Saint-Tropez.

etwas ruhiger angehen lassen möchte, hat die Wahl zwischen verschiedenen Campings à la ferme, die Stellplätze auf ihren Höfen anbieten. Meist geht es etwas schlichter, aber recht familiär zu und der Gast hat die Möglichkeit, die Produkte des Hauses zu probieren. Ramatuelle selbst, hoch oben auf einem Hügel gelegen, ist ein idyllisches Wehrdorf mit provenzalischem Charme. Nett bummelt man durch das Gassengewirr mit seinen Galerien und Kunsthandwerkstätten. **Auf der Place de l'Ormeau** kehrt man mit Blick auf die Kirche zu einem Päuschen ein, um anschließend das wunderschöne Panorama über die Weinfelder bis hin zum Meer zu genießen. Eine Parkmöglichkeit besteht am Sportplatz (43.216238, 6.614871).

Wer sich für diesen kleinen Ausflug ins Hinterland von Saint-Tropez entschieden hat, sollte unbedingt noch ein wenig weiterfahren. Vorbei geht es an den schön restaurierten Windmühlen **Les Moulins de Paillas**, die besichtigt werden können, und dann ist mal wieder ein »Plus Beau Village de France« erreicht.

Gassin heißt das Örtchen, das zum illustren Kreis der »Schönsten Dörfer Frankreichs« zählt. Jede Menge bunter Blumen und üppig blühende Bougainvillea machen einfach gute Laune, vom Dorfplatz **Terrasse deï Barri** begeistert der Blick über den Golf von Saint-Tropez und einige Cafés und Restaurants laden zur Einkehr ein. Die Dorfverschönerung wurde von dem Architekten François Spoerry (s. Port Grimaud) geplant, der dafür eine europäische Auszeichnung erhielt. Eine Parkmöglichkeit besteht zum Beispiel am Friedhof (43.230912, 6.585369).

AUF DER CORNICHE DES MAURES

Die Küstenstraße D559 ist mit ihren vielen Kurven typisch für die Côte d'Azur und bietet im weiteren Verlauf grandiose Ausblicke. **Cavalaire-sur-Mer** ist der erste Badeort, der auf ein riesiges Weinanbaugebiet folgt. Es handelt sich um einen reinen Touristenort, der auch als Taucherparadies bekannt ist. Wer diese Sportart einmal ausprobieren möchte, für den gibt es im neuen Hafen gleich mehrere Tauchschulen. Ein abwechslungsreiches Unterhaltungsprogramm wird dem Urlauber hier am Port in den Sommermonaten geboten und an Einkehrmöglichkeiten mangelt es auch nicht. Dank der Lage am Fuß des **Massif des Maures** ist in Cavalaire-sur-Mer das mediterrane Klima garantiert und so lässt sich der drei Kilometer lange Sandstrand ausgiebig genießen.

Le Lavandou ist nach 20 Kilometern erreicht und noch vor Ortsbeginn lädt der Stellplatz **Cavalière Plage** zum Verweilen ein. An diesem Küstenabschnitt gibt es gleich zwölf aufeinanderfolgende Sandstrände. Das ehemalige Fischerdorf hat sich inzwischen zu einem modernen Urlaubsort gemausert, der mit der »Blauen Flagge« für die ausgezeichnete Wasserqualität wirbt. Auch hier wird dem Touristen einiges an Unterhaltung geboten und es gibt zahlreiche Festivitäten. Dem Sportbegeisterten steht der Fahrradweg ins Hinterland zur **Route des Balcons d'Azur** zur Verfügung, aber auch der **Littoral-Radweg V65**, der auf einer ehemaligen Bahnlinie gen Westen bis Toulon und nach Osten bis Saint-Raphaël verläuft, macht richtig Freude. Auf dem Küstenwanderweg Sentier littoral spaziert man innerhalb von 45 Minuten bis zum Hafen von Bormes-les-Mimosas, unterwegs informieren immer wieder Tafeln über Fauna und Flora der Region.

Ein Erlebnis der ganz besonderen Art ist Whale-Watching: Von Le Lavandou aus startet ein von Naturforschern begleitetes Boot zu einer fünfstündigen Beobachtungsfahrt. Reservierung unter Tel. +33 4 94 71 01 02 oder info@vedettesilesdor.fr.

MIMOSENBLÜTE AN DER CÔTE D'AZUR

Bormes-les-Mimosas ist ohne Zweifel eine Reise wert, und das ganz besonders zum

Mimosenfest in Bormes-les-Mimosas

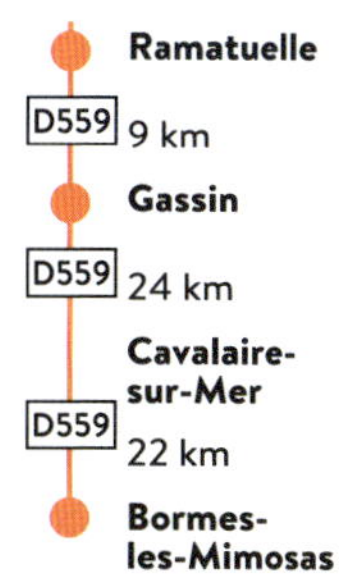

Saisonstart im Frühling. Das sehenswerte Bilderbuchdorf gilt, wie der Name schon verrät, als Hauptstadt der Mimose und so feiert man hier Ende Februar ein weit über die Grenzen hinaus bekanntes **Mimosenfest**. Für den jedes Jahr unter einem anderen Motto stehenden Umzug werden sage und schreibe zwölf Tonnen frisch geschnittene, gelbe Blumen und Blüten verarbeitet. Zahlreiche bunt gekleidete Musikanten, Gaukler und Tänzer begleiten den fantastischen Korso, später endet das Fest spektakulär mit einer traditionellen Blumenschlacht. Hierbei werden die wunderschön geschmückten Wagen »entblumt« und die Zuschauer dürfen sich ihre Sträuße mit nach Hause nehmen.

Allein 90 Mimosenarten wachsen in und um Bormes-les-Mimosas und im Sommer noch zeigt das Städtchen eine solche Blumenpracht,

Vom Stellplatz an der Plage Cabasson ist man schnell am Cap de Brégancon.

dass es neben dem Titel »Plus Beau Village de France« auch die Auszeichnung »Ville Fleurie« trägt. In der idyllischen Altstadt **Village Perché** geht der Bummel treppauf und treppab durch versteckte Gässchen, vorbei an Kapellen und Kirchen sowie verwunschenen Plätzen. Über allem thront die private Schlossruine **Château des Seigneurs**, von der man eine fantastische Aussicht genießen kann. Parkmöglichkeiten bestehen am Parking Place Saint-François (43.151257, 6.345120).

Unten am Meer und außerhalb des Ortes liegt auf einer kleinen Insel ein anderes historisches Anwesen, das **Fort de Brégançon**. Das Urlaubsdomizil der französischen Präsidenten am gleichnamigen Cap im Ortsteil Cabasson kann nur im Rahmen einer vorher angemeldeten Führung besichtigt werden. Der idyllische Waldparkplatz hier an der Plage de Brégançon steht Wohnmobilen ganz offiziell zur Verfügung.

AUSFLUG

LA ROUTE DU MIMOSA

Die Mimose ist eines der Symbole der Region Provence-Alpes-Côte d'Azur. Der Mimosenbaum blüht von Januar bis März und bezaubert mit einem leuchtenden Gelb. Der dann herrlich duftenden Pflanze ist eine 130 Kilometer lange Route gewidmet, die von Grasse über Mandelieu-la-Napoule durch das Massif du Tanneron mit dem größten Mimosenwald Europas, weiter nach Sainte-Maxime und bis Bormes-les-Mimosas führt. Sie zu befahren ist ein wahres Erlebnis. Die Blätter der Mimose sind übrigens sehr empfindlich und rollen sich bei der geringsten Berührung zusammen – mimosenhaft werden daher auch leicht beleidigte Menschen benannt.

PRAKTISCHE HINWEISE

TOURISTINFORMATIONEN

Office de Tourisme Saint-Raphaël
99 Quai Albert 1er,
83700 Saint-Raphaël,
Tel. +33 4 94195252,
saint-raphael.com

Office de Tourisme Fréjus
249 Rue Jean-Jaurès,
83600 Fréjus,
Tel. +33 4 94518383,
ville-frejus.fr

Office de Tourisme Sainte-Maxime
21 Place Louis Blanc,
83120 Sainte-Maxime,
Tel. +33 4 94557555
sainte-maxime.com

Office de Tourisme Port Grimaud
667 Rue de l'Amarrage,
83310 Port Grimaud,
Tel. +33 4 94554383,
grimaud-provence.com

Office de Tourisme Saint-Tropez
8 Quai Jean Jaurès,
83990 Saint-Tropez,
Tel. +33 4 94974521,
sainttropeztourisme.com

Office de Tourisme Cavalaire-sur-Mer
Maison de la Mer,
50 Rond-point Saint Exupéry,
83240 Cavalaire-sur-Mer,
Tel. +33 4 94019210,
cavalairesurmer.fr

Office de Tourisme Le Lavandou
153 Quai Gabriel Péri,
83980 Le Lavandou,
Tel. +33 4 94004050,
ot-lelavandou.de

Office de Tourisme Bormes-les-Mimosas
1 Place Gambetta,
83230 Bormes-les-Mimosas,
Tel. +33 4 94013838,
bormeslesmimosas.com

MUSEEN/AUSFLÜGE/ ATTRAKTIONEN

Musée Archéologique
3 Place Calvini, 83600 Fréjus,
Tel. +33 4 94521578,
ville-frejus.fr
Das Museum ist ganzjährig geöffnet.

Musée de l'Annonciade
2 Place Georges Grammont,
83990 Saint-Tropez,
Tel. +33 4 94178410,
saint-tropez.fr
Das Museum ist ganzjährig geöffnet.

Fort de Brégançon
Avenue Guy Tezenas,
83230 Bormes-les-Mimosas,
Tel. +33 4 94013835
Besichtigungen nur in den Monaten Juli und September möglich, Buchung der Führungen unter bormesles mimosas.com oder direkt beim Office de Tourisme.

STELL- UND CAMPINGPLÄTZE

C 200 **Camping Agay Soleil** (S. 177 E6)
1152 Boulevard de la Plage,
83530 Agay,
Tel. +33 4 94820079,
camping-agay-soleil.com
GPS: 43.432789, 6.868052
Der Campingplatz liegt direkt am Meer und besitzt ein beliebtes Restaurant. Geschäfte in unmittelbarer Nähe, Busverbindung nach Saint-Raphaël und Zugverbindung nach Cannes, Nizza, Monaco. In der Hochsaison sind keine Hunde erlaubt. Mitte März bis Mitte November geöffnet.

C 201 **Camping La Plage du Dramont** (S. 177 E6)
986 Boulevard 36ème Division Texas, 83530 Agay,
Tel. +33 4 94820768,
laplagedudramont.com
GPS: 43.417898, 6.848585
Der große 4-Sterne-Campingplatz liegt in einem Pinienwald direkt am Meer. Pool und Wellness vorhanden, Tauchbasis anbei. Es gibt ein

Camping La Plage du Dramont ist naturbelassen.

Restaurant, eine Beachbar, eine Pizzeria und einen kleinen Supermarkt. Bushaltestelle vor der Tür. Anfang April bis Mitte Oktober geöffnet.

C 202 Camping La Plage d'Argens (S. 176 D6)
541 Avenue de la Cor d'Azur, 83370 Fréjus,
Tel. +33 4 95363837,
laplagedargens.fr
GPS: 43.408653, 6.725066
Der 4-Sterne-Campingplatz liegt an der Mündung des Flusses Argens in einem Naturschutzgebiet. Der Strand ist 900 m entfernt, es gibt einen direkten Zugang. Auf dem Gelände stehen ein beheizter Pool mit Wasserrutsche, Wellness, Kajak- und Fahrradverleih, Pizzeria und Minimarkt zur Verfügung. Anfang April bis Mitte Oktober geöffnet.

C 203 Camping Saint-Aygulf Plage (S. 179 G3)
270 Boulevard Salvarelli, 83370 Fréjus,
Tel. +33 4 94176249,
campingdesaintaygulf.fr
GPS: 43.23355, 6.43366
Der 4-Sterne-Campingplatz besitzt einen großen Wasserpark, Fitnessparcours, Tennis- und Volleyballplätze, Snackbar, Minimarkt und beheizte Sanitärräume. Der Platz ist in Meeresnähe und direkt am Beginn des Naturschutzgebietes Étangs de Villepey. Anfang April bis Ende Oktober geöffnet.

S 204 Aire de Camping-Car Sainte-Maxime (S. 179 G3)
D25, 83120 Sainte-Maxime
GPS: 43.317175, 6.630087
Der preiswerte Stellplatz für 40 Mobile liegt am Ortsrand an der viel befahrenen D25. Bezahlung am Parkscheinautomaten, Ver- und Entsorgung vorhanden, kein Strom. Etwa 15 Minuten Fußweg ins Zentrum und zum Strand. Ganzjährig geöffnet.

C 205 Camping de la Plage (S. 179 F3)
D559, 83310 Port Grimaud,
Tel. +33 4 94563115,
camping-de-la-plage.fr
GPS: 43.281883, 6.586136
Der naturbelassene 3-Sterne-Campingplatz liegt am Ortsrand direkt am Meer. Schöner Pinienbestand, Restaurant, Fahrradverleih, Supermarkt, Bushaltestelle. Anfang April bis Mitte Oktober geöffnet.

C 206 Camping La Vigneraie 1860 (S. 179 G4)
1378 Chemin des Moulins, 83350 Ramatuelle,
Tel. +33 4 94971703,
la-vigneraie-1860.fr
GPS: 43.241536, 6.660805
Der naturbelassene Campingplatz liegt etwa 150 m von der Plage de Pampelonne entfernt. Sehr schöner Baumbestand, Wi-Fi gratis, Fahrradverleih, nur Barzahlung. Es kommt ein Brötchenwagen. Anfang April bis Mitte Oktober geöffnet.

S 207 Aire de Camping-Car Bonne Terrasse (S. 179 G4)
Route de Bonne Terrasse, Plage de Pampelonne, 83350 Ramatuelle
GPS: 43.211584, 6.661854
Der gebührenpflichtige Stellplatz für 130 Mobile liegt außerorts in unmittelbarer Strandnähe, Ver- und Entsorgung sowie WC vorhanden, kein Strom. In der Saison kommt der Bäckerwagen, in der Nähe befinden sich ein Strandrestaurant und das Bouillabaisse-Restaurant Chez Camille. Ganzjährig geöffnet.

Camping La Vigneraie und Stellplatz Bonne ... ... Terrasse liegen am Plage de Pampelonne.

C 208 **Camping La Rouillère** (S. 179 F4)
229 Chemin des Piboules, 83350 Ramatuelle, Tel. +33 4 94792867, camping-var-ramatuelle.com
GPS: 43.236001, 6.613915
Der familiäre 3-Sterne-Campingplatz ist 6 km von Saint-Tropez entfernt und liegt mitten in den Weinbergen. Es gibt ein Schwimmbad, eine Snackbar, Minimarkt mit Brötchenservice und Fahrradverleih. Anfang April bis Ende Oktober geöffnet.

C 209 **Camping à la ferme chez Marcel** (S. 179 G4)
1459 Chemin de Boutinelles, 83350 Ramatuelle, Tel. +33 6 19434313, location-roumegou.com
GPS: 43.205555, 6.639821
Der kleine Campingplatz gehört zu einem Weingut und liegt mitten im Grünen. Der Strand von Pampelonne ist gut mit dem Fahrrad zu erreichen. Brötchenservice und Hofprodukte werden angeboten, Supermarkt in der Nähe. Mitte Juni bis Mitte September geöffnet.

C 210 **Camping La Baie** (S. 179 F4)
266 Boulevard Pasteur, 83240 Cavalaire-sur-Mer, Tel. +33 4 94640815, camping-baie.com
GPS: 43.169539, 6.530167
Der große 4-Sterne-Campingplatz liegt im Ort unweit von Strand und Hafen. Der Platz ist schön begrünt und besitzt eine große Badelandschaft, Restaurant und Minimarkt sind vorhanden. Mitte März bis Ende November geöffnet.

S 211 **Aire de Camping-Car Cavalière Plage** (S. 179 F4)
D559, Avenue du Cap Nègre, 83980 Le Lavandou
GPS: 43.152571, 6.430950
Der private Stellplatz für 60 Mobile ist 50 m vom Strand entfernt. Das Zentrum ist fußläufig erreichbar, WLAN ist vorhanden, der Platz ist bewacht, Ver- und Entsorgung sowie Strom sind im Preis inklusive, Zahlung beim Platzwart. Ganzjährig geöffnet.

C 212 **Camp du Domaine** (S. 179 E5)
2581 Route de Bénat, 83230 Bormes-les-Mimosas, Tel. +33 4 94710312, campdudomaine.com
GPS: 43.116432, 6.357653
Der große 5-Sterne-Campingplatz liegt direkt am Meer in einem Pinienwald und in Hafennähe. Es gibt einen Minimarkt, eine Beachbar, Restaurant und Wellness mit Sauna/Hamam. Es sind diverse Wassersportaktivitäten buchbar. Anfang April bis Ende Oktober geöffnet.

S 213 **Aire de Camping-Car Bormes-les-Mimosas** (S. 179 E5)
Plage de Brégançon, Avenue Guy Tezenas, 83230 Bormes-les-Mimosas
GPS: 43.094170, 6.326241
Der Wohnmobilparkplatz liegt in einem Pinienwald direkt am Meer unweit des Forts. Es gibt keine Ver- und Entsorgung, Kiosk sowie WC und Stranddusche vorhanden. Die recht hohe Parkgebühr wird morgens abkassiert, der Platz ist durch eine Schranke gesichert. Ganzjährig geöffnet. Achtung: recht schmale und steile Zufahrt!

Ein überwältigendes Panorama genießt man von der Oberstadt in Hyères-les-Palmiers.

3

VON HYÈRES BIS NACH MARSEILLE

Eine abwechslungsreiche Route im Westen der Côte d'Azur

Die wunderschöne Halbinsel von Giens möchte man gar nicht wieder verlassen und im idyllischen ehemaligen Fischerdorf Sanary-sur-Mer muss man sich einfach wohlfühlen. Das Hafenstädtchen Cassis, von dem die schönsten Wanderungen möglich sind, verzaubert mit seinem Flair. Und nicht zuletzt beeindrucken der Nationalpark Calanques, den man am besten vom Boot aus genießt, wie auch die berühmt-berüchtigte Stadt Marseille.

La Londe-les-Maures und der feine Sandstrand Plage de Pansard liegen bereits in der **Bucht von Hyères** mit Blick auf die vorgelagerten Îles d'Hyères. Camping Le Pansard ist das Eldorado für den sportlich aktiven Urlauber, dem hier unter anderem ein Fußballplatz und mehrere Tennisplätze zur Verfügung stehen. Die Bucht ist besonders bei Surfern und Kitern beliebt, deren bunte Segel einen tollen Anblick bieten. Es ist faszinierend zu beobachten, mit welch rasender Geschwindigkeit die Wassersportler über die Wellen schießen und gewaltige Sprünge absolvieren, um irgendwann spektakulär im Meer abzutauchen. Der naturbelassene Campingplatz liegt außerorts in einem Pinienwald direkt am Meer und in unmittelbarer Nähe der Salzwiesen **Les Vieux Salins d'Hyères**. Nach wenigen Gehminuten ist auch **Port Miramar** erreicht, wo es sich nett bummeln und einkehren lässt, aber die Region hat noch so viel mehr zu bieten.

IN HYÈRES-LES-PALMIERS

Der zutreffende Name steht für eine Stadt, die tatsächlich mit Tausenden und Abertausenden von Palmen geschmückt ist.

ROUTE 3

START- UND ENDPUNKT
La Londe-Les-Maures und Port de Carro

STRECKENLÄNGE
ca. 170 km

FAHRZEIT
4 bis 5 Tage

BESTE JAHRESZEIT
März bis Oktober

Start La Londe-les-Maures
D98 – 8 km
Hyères
D197 – 12 km
Presqu'Île de Giens

In der schönen Altstadt von Hyères

Stattlich verschönern sie die Straßenränder, zieren Parks und Gärten und vermitteln Urlaubsfeeling pur. Schon zu Ortsbeginn empfängt die 57 000 Einwohner zählende Stadt ihre Besucher mit einer Pracht, die von der Innenstadt dann noch getoppt wird. Herrschaftliche Belle-Époque-Villen und exquisite Hotelpaläste, wohin das Auge blickt, denn schon im 18. Jahrhundert war Hyères das bevorzugte Urlaubsziel des europäischen Geldadels und berühmter Schriftsteller. An der repräsentativen **Rotonde du Park Hotel** residiert auch das Office de Tourisme, das eine kleine Broschüre zur Stadt in deutscher Sprache bereithält.
Die idyllische Altstadt betritt man am besten durch die **Porte Massillon** und hier heißt es gemütlich bummeln, bis man an der **Tour des Templiers** ankommt. Der schöne Platz ist gesäumt von Cafés und Restaurants, aber zuerst sollte man den Berg in Richtung Château erklimmen. In den uralten kopfsteinge-

Porte Saint-Paul in Hyères

pflasterten Gässchen der Oberstadt versteckt sich so manche historische Sehenswürdigkeit, ganz besonders beeindruckend ist die romanische Stiftskirche **Église Saint-Paul**. In ihrem Inneren ist eine ganze Wand mit 432 Votivbildern geschmückt, die gläubige Menschen aus Dankbarkeit gestiftet haben. Ganz oben auf dem Altstadthügel thront die Burgruine, von der natürlich ein fantastischer Rundumblick geboten ist. Dem Kunstinteressierten ist sicherlich die berühmte **Villa Noailles** ein Begriff, wo in einem kubistischen Gebäude aus den 1920er-Jahren vielseitige Ausstellungen stattfinden. Parkmöglichkeiten für Wohnmobile gibt es am Parking du Château (43.126080, 6.125301) und am Parking Louis Versin (43.116495, 6.133269). In Hyères sollte der Urlauber mal wieder den Kühlschrank auffüllen, denn der hiesige Supermarkt Leclerc (43.112016, 6.116463) hat ein überwältigendes Angebot.

Die Route du Sel führt entlang des Surfer-Hotspots an der Plage de l'Almanarre

HALBINSEL GIENS

Presqu'île de Giens, die nur wenige Kilometer entfernte Halbinsel, ist der ideale Ausgangspunkt, um Hyères zu besuchen, denn es besteht eine regelmäßige Busverbindung. Auch zu der vorgelagerten Insel Île de Porquerolles verkehren mehrmals täglich Fähren und an Campingplätzen mangelt es sowieso nicht. Giens ist also perfekt für einen längeren Aufenthalt, es gibt viel zu unternehmen und langweilig wird es hier nie. Die Halbinsel ist ein Vogelparadies mit Tausenden von Flamingos in den **Étangs des Pesquiers**. Die Lagune liegt zwischen den beiden vier Kilometer langen Festlandsverbindungen, von denen die schmale Route du Sel im Winter gesperrt wird. Entlang der Bucht von Giens, an der nach Westen hin offenen **Plage de l'Almanarre**, befindet sich das Mekka der Surfer, denn hier herrschen optimale Bedingungen. Unzählige bunte Kite-Segel blähen sich im Wind und bieten einen grandiosen Anblick. Die Halbinsel ist aber auch ein Eldorado für den Taucher, dem die zerklüftete Küste und die Îles d'Or rundum tolle, erlebnisreiche Tauchgänge ermöglichen. Mehrere Wracks liegen am Grund des Meeres und machen die Unterwasserwelt von Giens noch attraktiver.

Presqu'Île de Giens
D197
D559
D570
D559 41 km
Sanary-sur-Mer

AUSFLUG

WANDERPARADIES GIENS

Einer der schönsten Küstenwanderwege der Provence führt fast nahtlos einmal um die Halbinsel Giens herum. Auf den Campingplätzen ist eine Inselkarte erhältlich, auf der die Routen verzeichnet sind. Auch Teilabschnitte können erwandert werden. Wer abkürzen möchte, dem stehen für den Rückweg die Busse 67 und 68 zur Verfügung. Der Sentier du littoral erfordert festes Schuhwerk sowie etwas Kondition und Trittsicherheit. Weiterhin sollte der Wanderer Trinken und Essen dabeihaben, denn Einkehrmöglichkeiten gibt es nicht.

Der Sentier littoral um die Presqu'île de Giens erfordert etwas Kondition und Trittsicherheit.

Sogar der Hobbyarchäologe kommt auf seine Kosten, denn in Olbia gibt es antike Ausgrabungsstätten.
Der namensgebende Hauptort der Presqu'île de Giens ist ein hübsches kleines Wehrdorf mit den Resten einer Burganlage. Jeden Dienstag findet hier einer der größten Märkte der Region statt, auf dem Obst und Gemüse, aber auch Bekleidung und Souvenirs angeboten werden.

AUSFLUG ZUR ÎLE DE PORQUEROLLES

Die Anlegestelle der Fähren zur Île de Porquerolles ist nur 200 Meter vom Camping La Tour Fondue entfernt. In regelmäßigen Abständen werden die Gäste auf die sieben Kilometer lange und drei Kilometer breite Insel transportiert. Am Abend jedoch müssen alle Tagesgäste das wunderschöne Eiland verlassen, dann gehört der einzige Hafen den Seglern und den wenigen Gästen der zwei kleinen Hotels. Die Insel steht unter Naturschutz und trotzdem gibt es 50 Kilometer ausgewiesene Wege. Die meisten Besucher sind mit dem Fahrrad unterwegs, denn die Insel ist autofrei. Wer nicht sein eigenes Bike mit an Bord hat, dem vermieten diverse Anbieter in Port de Porquerolles eine Vielzahl von Drahteseln.
Auf der hügeligen Rundfahrt liegen wunderschöne Strände in versteckten Buchten, geheimnisvolle Festungsruinen sind zu entdecken und dazu eine fast unberührte Natur. Kiefern und Eukalyptusbäume säumen die Wege und die typisch französische Macchia mit Zistrosen, Heidekraut und allerlei Sträuchern ist allgegenwärtig. Der höchste Punkt der Insel liegt beim **Semaphor** auf 142 Höhenmetern und natürlich ist die Rundumsicht von hier aus fantastisch. Unbedingt sollte man auch zum **Phare du Cap d'Arme** radeln, dem nach Marseille leistungsstärksten Leuchtturm im Mittelmeer. Die Île de Porquerolles ist wirklich einen Besuch wert!

NACH TOULON MIT DEM SCHIFF

Toulon ist nicht nur die Hauptstadt des Département Var, sie ist auch eine Großstadt mit fast 200 000 Einwohnern. Die Stadt erstreckt sich entlang einer der schönsten Buchten Europas und weit über der beeindruckenden Kulisse erhebt sich der knapp 600 Meter hohe Mont Faron. Die angenehmste und stressfreieste Art, Toulon zu besichtigen, ist die Anreise über das Meer. Auf der Fahrt gen Westen lassen wir die Stadt also links liegen und begeben uns auf die Halbinsel **Saint-Mandrier**. Im gleichnamigen Ort gibt es einen offiziellen, kostenlosen Stellplatz unweit des Schiffsanlegers Port Sablettes.

Aufgrund der geschützten Lage wurde der Hafen schon im Mittelalter als Kriegshafen genutzt und noch heute ist Toulon einer der wichtigsten Marinestützpunkte Frankreichs. Das riesige **Arsenal Maritime** kann nur vom Schiff aus besichtigt werden und der Anblick der gewaltigen graublauen Kriegsschiffe vor der Skyline der Stadt ist schon beeindruckend. Der langen Tradition zu Ehren gibt es selbstverständlich auch ein **Musée National de la Marine**.

Hier am Stadthafen von Toulon steht der Besucher schon mitten im Zentrum. Das Office de Tourisme hält den obligatorischen kleinen Stadtplan bereit und in unmittelbarer Nähe startet das Touristenbähnchen, das während der kommentierten 45-minütigen Rundfahrt alle wichtigen Sehenswürdigkeiten anfährt (petit-train-toulon.fr). Davon hat Toulon allerdings nicht sehr viel, da die Altstadt rund um das Hafengebiet während des Zweiten Weltkriegs stark zerstört wurde. Sehenswert sind sicherlich die **Cathédrale Notre-Dame-de-la-Seds** mit ihrem schmiedeeisernen Campanile und die **Place d'Armes**, um die sich zahlreiche Cafés und Restaurants gruppieren. Toulon ist ansonsten eine attraktive Einkaufsstadt, zusätzlich findet jeden Vormittag außer montags am **Cours Lafayette** ein farbenfroher Wochenmarkt statt.

Der Wohnmobilist, der trotz der Größe seines Fahrzeuges direkt nach Toulon fahren möchte, findet auf dem Parking des Lices einige offiziell ausgewiesene Stellmöglichkeiten (43.126460, 5.936415).

↑ Farbenfroher Wochenmarkt in Giens
↓ Das Arsenal Maritime in Toulon

Sanary-sur-Mer ist unbestritten einer der schönsten Orte der Côte d'Azur.

HAUPTSTADT DEUTSCHER LITERATEN

Sanary-sur-Mer ist eines der bezauberndsten Städtchen der Côte d'Azur. Das ehemalige Fischerdorf weiß sich stilvoll in Szene zu setzen: Im Vieux-Port schaukeln bunt bemalte Bötchen im Wind, die wirklich schöne Promenade rundum lädt zum Bummeln ein und zahlreiche Restaurants haben ihre hübsch gedeckten Tische ins Freie gestellt. Die Idylle wird abends illuminiert und so mag man das malerische Seebad gar nicht mehr verlassen. Durch den Seiteneingang eines Turms, in dem das Hôtel de la Tour untergebracht ist, kann der Besucher tagsüber kostenlos auf die Terrasse hinaufsteigen, um von dort den Blick über die Baie de Sanary zu genießen. Ganz in der Nähe behandelt das **Musée Frédéric Dumas** ein außergewöhnliches Thema, die Geschichte des Tauchens. Hinter dem Hafen erstreckt sich eine hübsche Altstadt, in deren kopfsteingepflasterten Gässchen unzählige Boutiquen und Souvenirgeschäfte auf Kundschaft warten.

Sanary-sur-Mer wurde zur Zeit des Nationalsozialismus »Hauptstadt der deutschen Literatur« genannt, denn hier lebten zahlreiche vor den Nazis geflüchtete Schriftsteller. Neben so bekannten Namen wie Bertolt Brecht, Lion Feuchtwanger und Thomas Mann hatten sich in der Region zwischen 1933 und 1942 mehr als 500 Exilanten niedergelassen, aus Angst vor der Deportation und in der Hoffnung, nach Amerika ausreisen zu können.

Wer Mittwoch am Vormittag in Sanary-sur-Mer weilt, erlebt hier einen der schönsten und größten Märkte der Provence. Für die kurze Stadtbesichtigung bietet sich der

SPECIAL

VIN DE SABLE

Als Sandwein bezeichnet man Wein aus Reben, die auf Sandböden gepflanzt wurden. Durch den Sand sind die Böden immer trocken und Pilzerkrankungen sowie die Reblaus haben keine Chance. Der salzhaltige Boden und die salzigen Meeresböen erzeugen einen Wein von herb-fruchtigem und frischem Charakter, der gut gekühlt am besten schmeckt. Zumeist handelt es sich um Landwein und zum größten Teil um Rosé, lange lagern sollte man ihn nicht. Der leichte Sommerwein wird zumeist aus den Trauben Grenache, Merlot oder Syrah gewonnen, hat einen Alkoholgehalt von maximal 12,5 Prozent und trägt den Titel »Gris de Sables«.

---

große zentrale Parking de l'Esplanade an (43.115126, 5.805019), auf dem laut Touristeninfo allerdings nicht übernachtet werden darf. Ein schlichter Stellplatz wird vom YMCA France angeboten, von wo das Zentrum nach einem 30-minütigen Spaziergang erreicht ist.

Sanary-sur-Mer
D559
A50
D40b
D141 30 km
Cassis

Die Küstenstraße D559 verläuft in weitem Bogen um ein ausgedehntes Dünengebiet herum, durch das immer wieder Stichstraßen zum Meer hinunterführen. Abseits des Trubels der großen Städte findet der Urlauber in der **Baie de la Ciotat** einen langen und feinen Sandstrand und einen tollen, zwölf Kilometer langen Sentier littoral vor – beste Voraussetzungen für einen erholsamen Urlaub. Wie in vielen Orten der Gegend ist man auch hier auf Funde aus gallorömischer Zeit gestoßen, die im **Musée de Tauroentum** ausgestellt sind. In unmittelbarer Nähe liegt der Campingplatz Camping Les Baumelles und für die kulinarischen Bedürfnisse sorgen mehrere Strandrestaurants.

Saint-Cyr-sur-Mer heißt der dazugehörige, etwas vom Meer abgewandte Ort, der sich auf dem Dorfplatz mit einer exakten Nachbildung der New Yorker Freiheitsstatue schmückt. Das typisch provenzalische

Die Aussichtsterrasse des Hôtel de la Tour kann kostenlos besucht werden.

Städtchen ist von Pinienwäldern und Weinbergen umgeben, auf denen der bekannte Vin de Sable wächst.

PARC NATIONAL DES CALANQUES

Ein ganz besonderes Erlebnis ist die 15 Kilometer lange Fahrt über die **Route des Crêtes** D141, die in La Ciotat bereits ausgeschildert ist. Die gut befahrbare Höhenstraße führt zur höchsten Steilküste Frankreichs und am Aussichtspunkt **Grande Tête** blickt man aus unvorstellbaren 399 Höhenmetern auf das offene Meer hinunter. Am **Cap Canaille** (362 m) ist ein ebenso fantastisches Panorama in die Calanques möglich, zu dessen Naturschutzgebiet die Route des Crêtes bereits gehört. Entlang der gesamten Strecke gibt es immer wieder Parkmöglichkeiten und wer etwas Zeit mitbringt, kann sich zu herrlichen Wanderungen aufmachen.

↑ Calanque de Port-Miou
↓ Hafenidylle in Cassis

Cassis bildet den perfekten Ausgangspunkt zur weiteren Erkundung des Nationalparks, der wirklich etwas ganz Besonderes ist und 360 Kilometer Wanderwege besitzt. Das Massif des Calanques umfasst ein Gebiet von 8500 Hektar Land und die bis zu 565 Meter hohen Felsen aus hellem Kalkstein zählen zu den größten Touristenattraktionen Frankreichs. Die Calanques sind tief in die Felsen eingeschnittene Fjorde, deren Wände geradezu spektakulär senkrecht abfallen.

In den Felsritzen wächst erstaunlich viel Grün, denn das poröse Gestein speichert das Regenwasser und so hat sich hier eine ganz eigene Flora und Fauna entwickelt.

Von Cassis aus führt eine leichte Wanderung als Erstes zur Calanque de Port-Miou. Der **Sentier du Petit Prince**, der einmal um die Landzunge von Cassis herumführt, ist ein leichter, sehr schöner Wanderweg, der mit dem Blick auf die weit unten vor Anker liegenden Segelboote seinen Höhepunkt erreicht. Der Name des Wanderwegs ist eine Hommage an den Schriftsteller Antoine de Saint-Exupéry, der während des Zweiten Weltkriegs hier mit seinem Flugzeug abstürzte.

Empfehlenswert ist aber auch ein Bootsausflug, um die Calanques aus einer anderen Perspektive kennenzulernen. Im Hafen von Cassis starten mehrere Ausflugsschiffe zu unterschiedlich langen Touren in die zahlreichen Meeresarme. Wer lieber allein unterwegs sein möchte, um zum Beispiel am schönen Strand in der Calanque d'En-vau ein wenig zu planschen, dem stehen führerscheinfreie Elektroboote zur Verfügung.

Das ehemalige Fischerdorf Cassis hat sich zu

Die Fahrt entlang der Route des Crêtes D141 ist ein grandioses Erlebnis.

einem feinen Badeort entwickelt, denn viele betuchte Bewohner Marseilles haben hier ihr Wochenenddomizil. Es gibt ein lebendiges Zentrum und rund um den Hafen, in dem bunt bemalte Fischerboote liegen, ist richtig was geboten. Jeden Morgen findet hier der Fischmarkt statt, ein Café und Restaurant reiht sich an das andere, es werden Regatten organisiert und über allem thront eine märchenhafte Burganlage, das Ferienhäuschen der Familie Michelin. Camping Les Cigales liegt zu Ortsbeginn weit oberhalb des Hafens, wohin zur allgemeinen Erleichterung eine Busverbindung besteht.

GROSSARTIGES MARSEILLE

Marseille ist von Cassis aus bestens zu erreichen, denn unweit des Campingplatzes Les Cigales startet mehrmals pro Tag Bus Nr. 78 in diese zweitgrößte Stadt Frankreichs. Für nur 3,50 Euro pro Person wird der Urlauber innerhalb von 45 Minuten direkt ins Zentrum der großen Hafenstadt gebracht – stressfreier und preisgünstiger kann eine Stadtbesichtigung wohl kaum sein.

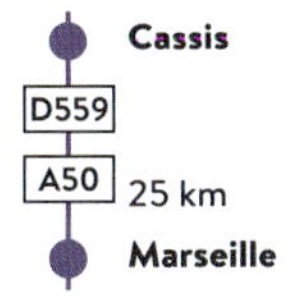

Damit sich der Besucher erst einmal einen Überblick verschafft, empfehlen wir vom Vieux Port aus eine Rundfahrt mit dem Petit Train oder dem roten Hop-on-Bus. Das Touristenbähnchen kostet 9 Euro pro Person, wobei drei verschiedene einstündige und kommentierte Routen angeboten werden. Der doppelstöckige Touristenbus kostet 22 Euro und hierbei kann der Besucher den ganzen Tag je nach Lust und Laune ein- und wieder aussteigen.
Unbedingt sollte man am höchsten Punkt der Stadt die Fahrt unterbrechen, um noch die restlichen Stufen zur **Basilique Notre-Dame-de-la-Garde** hinaufzusteigen. Das Wahrzeichen von Marseille thront auf einem 160 Meter hohen Felsen und besitzt einen beeindruckenden Glockenturm. Die Basilika ist im römisch-byzantinischen Stil erbaut und wird gekrönt von einer zehn Meter großen goldenen Marienstatue, in der sich die Sonne spiegelt. »La bonne mère«, wie sie liebevoll von den Einheimischen genannt wird, ist von nahezu jedem Punkt in

↑ Marseille erfindet sich gerade neu!
↓ Cathédrale de la Major in Marseille

Marseille sichtbar. Von hier oben ist ein grandioser Blick auf die Inselfestung d'If gegeben, jenes Gefängnis, in dem der Graf von Monte Christo im gleichnamigen Roman von Alexandre Dumas inhaftiert war. Am Panorama über den Hafen und die Stadt, die sich seit geraumer Zeit neu erfindet, kann man sich gar nicht sattsehen. Dann fällt der Blick auf ein imposantes Gotteshaus, die **Cathédrale de la Major**, eine der größten Kathedralen Frankreichs und mit 140 Meter Länge die sechstgrößte Kirche auf dem Globus. Ganz in der Nähe steht das berühmteste Museum von Marseille, das **MuCEM** – Musée des Civilisations de l'Europe et de la Méditerranée. Es zählt zu den 50 meistbesuchten Museen der Welt und schon allein die Fassade des kubistischen Gebäudes, die wie ein elegantes Netz aus Spitze wirkt, hebt sich auf beeindruckende Art und Weise von der historischen Umgebung ab. Wir befinden uns am Eingang zum alten Hafen und direkt neben dem Fort Saint-Jean, dessen Panoramaturm für Besucher geöffnet ist.

Marseille
A55
D9 42 km
Port de Carro

Im Touristenbüro in der Nähe des Vieux-Port kann der Interessierte den Marseille City-Pass erwerben, der sich ganz schnell amortisiert. Kostenlos hierbei ist unter vielem anderem der Petit Train, die Bootsfahrt zur Île d'If und der Eintritt in sage und schreibe elf Museen (marseille-tourisme.com). Eine ganz andere Art von Ausstellung zeigt das **MuSaMa**, das kleine charmante Seifenmuseum auf der anderen Seite des Vieux Port, und hier kann sich der Besucher sogar selbst einmal im Seifensieden üben. Übrigens fährt eine kleine Personenfähre im Minutentakt für 0,50 Cent von einer Hafenseite zur anderen.
Marseille wurde bereits 600 v. Chr. von griechischen Seefahrern gegründet und ist damit die älteste Stadt des Landes. Noch vor einigen Jahren galt Marseille als Hinterhof Frankreichs, in dem die Mafia das Sagen hatte, Drogengeschäfte blühten und täglich Morde verübt wurden. Langsam wandelt

SPECIAL

SAVON DE MARSEILLE

In allen Touristenhochburgen Frankreichs sowie auf den meisten provenzalischen Märkten werden Seifen unter diesem Namen angeboten. Die bunten Seifen in den unterschiedlichsten Duftvariationen sind allerdings meist gefälschte Billigimporte mit tierischen Fetten, die mit der echten Seife aus Marseille nichts gemein haben. Das Original gibt es nur in Würfelform, ist vom Ursprung her dunkelgrün und besteht zu 72 Prozent aus Olivenöl, was durch den eingedrückten Stempel »Savon de Marseille« garantiert wird.

Basilique Notre-Dame-de-la-Garde

Abendstimmung am Stellplatz von Port Carro

sich das Image der Stadt, die seit 2001 an das Hochgeschwindigkeitsnetz TGV angeschlossen ist, denn nun verlegen zahlreiche Firmen ihren Sitz in die kostengünstigere Stadt und schaffen Arbeitsplätze. Gleichzeitig läuft eine gigantische Stadtsanierung, die von der EU mit dem Projekt »Euroméditerranée« unterstützt wird. Im Jahre 2013 wurde Marseille zur Europäischen Kulturhauptstadt gewählt und seitdem gibt es einen rot gekennzeichneten Leitfaden, der zu allen wichtigen Sehenswürdigkeiten führt – ein Besuch lohnt sich!

PORT CARRO AN DER CÔTE BLEUE

Côte Bleue wird ein 25 Kilometer langer Küstenabschnitt westlich von Marseille genannt, der sich zu einer beliebten Urlaubsregion entwickelt hat. Zahlreiche Campingplätze stehen dem Wohnmobilisten zur Verfügung, die alle erhöht auf dem hiesigen Felsplateau liegen. Das Panorama von hier oben ist wunderschön und der Wanderweg GR51 lädt immer wieder zu herrlichen Spaziergängen entlang der »Blauen Küste« ein. Geradezu einmalig an der Côte d'Azur ist der nur wenige Kilometer entfernte Stellplatz im Hafen von Carro, der offiziell zur Stadt Martigues gehört. Hier hat man erkannt, dass nahezu jeder Camper der kleinen Gemeinde einige Einnahmen beschert. Der eine geht zum Bäcker und in den Gemüseladen, der nächste besucht ein Restaurant oder kauft auf dem täglichen Fischmarkt ein. So hat man direkt an der Hafeneinfahrt einen großen Stellplatz geschaffen, von dem ein unvergesslicher Blick auf das Meer möglich ist. **Port de Carro** heißt der Ort, dem wir hiermit ganz herzlich für den lobenswerten Stellplatz danken möchten!

PRAKTISCHE HINWEISE

TOURISTINFORMATIONEN

Office de Tourisme Hyères
16 Avenue de Belgique,
83400 Hyères,
Tel. +33 4 94018450,
hyeres-tourisme.com

Office de Tourisme Toulon
12 Place Louis Blanc,
83000 Toulon,
Tel. +33 4 94185300,
toulontourisme.com

Office de Tourisme Sanary-sur-Mer
1 Quai du Levant,
83110 Sanary-sur-Mer,
Tel. +33 4 94740104,
sanary-tourisme.com

Office de Tourisme Cassis
Quai des Moulins,
13260 Cassis,
Tel. +33 4 28010103,
ot-cassis.com

Office de Tourisme Marseille
11 La Canebière,
13001 Marseille,
Tel. +33 826 500500,
marseille-tourisme.com

MUSEEN/AUSFLÜGE/ ATTRAKTIONEN

Musée de la Marine
Place Monsenergue,
83000 Toulon,
Tel. +33 4 22420201,
musee-marine.fr
Das Museum ist dienstags zu.

Musée Frédéric Dumas
12 Rue Lauzet Aîné,
83110 Sanary-sur-Mer,
musee-dumas.fr
Das Museum widmet sich der Geschichte des Tauchens von seiner Entstehung bis heute und ist ganzjährig geöffnet.

MuCEM Marseille
Esplanade du J4,
13002 Marseille,
Tel. +33 4 84351313,
mucem.org
Das »Museum der Zivilisation Europas und des Mittelmeers« ist dienstags geschlossen.

MuSaMa Marseille
25 Quai de Rive Neuve,
13007 Marseille,
Tel. +33 4 96120091,
savon-de-marseille-licorne.com
Das kleine Museum ist das ganze Jahr über täglich geöffnet.

CAMPING- UND STELLPLÄTZE

C 300 **Camping Le Pansard** (S. 179 E5)
Chemin des Moulières,
83250 La Londe-les-Maures,
Tel. +33 4 94668322,
camping-pansard.com
GPS: 43.116100, 6.235613
Der große, naturbelassene Campingplatz liegt in einem Pinienwald direkt an einem feinen Sandstrand, wo Stellplätze mit Meerblick vorhanden sind. Es gibt einen kleinen Supermarkt, ein Restaurant und ein vielfältiges Sportangebot. Nur Barzahlung, Hunde sind nicht erlaubt. Ende März bis Ende September geöffnet.

C 301 **Camping La Tour Fondue** (S. 178 D5)
Avenue des Arbanais,
83400 Hyères,
Tel. +33 4 94582359,
camping-latourfondue.com
GPS: 43.029194, 6.156685
Der schlichte Terrassencampingplatz liegt in unmittelbarer Nähe der Fähre zur Île Porquerolles. Teilweise Meerblick, gute sanitäre Anlage, schöner Pinienbaumbestand, Restaurant und Minimarkt vorhanden. Dem Platz ist eine Tauchbasis angeschlossen, es werden Kurse angeboten. Ende März bis Anfang November geöffnet.

C 302 **Camping Olbia** (S. 178 D5)
545 Avenue René de Knyff,
83400 Hyères,
Tel. +33 4 94582196,
camping-olbia.com
GPS: 43.039452, 6.103310

Camping Les Cigales in Cassis liegt für Ausflüge in die Umgebung perfekt.

Der 3-Sterne-Campingplatz liegt in einem Pinienwald etwa 200 m vom Strand entfernt. Fahrradverleih sowie Minimarkt und Restaurant sind vorhanden. Anfang April bis Mitte Oktober geöffnet.

S 303 **Aire de Camping-Car Les Sablettes** (S. 178 C5)
Route Saint-Mandrier, 83430 Saint-Mandrier-sur-Mer, ville-saintmandrier.fr
GPS: 43.077662, 5.904673
Der kostenlose Stellplatz für 8 Mobile liegt am Tennisplatz unweit des Schiffsanlegers. Ver- und Entsorgung sind vorhanden, kein Strom, maximaler Aufenthalt 48 Stunden. Ganzjährig geöffnet.

S 304 **Aire de Camping-Car Centre Azur** (S. 178 C5)
149 Avenue du Nid, 83110 Sanary-sur-Mer, Tel. +33 4 94741887, centre-azur.fr
GPS: 43.120754, 5.783752
Der Stellplatz liegt auf dem Gelände des YMCA France, dessen Sanitärräume benutzt werden dürfen. Das ausgeschilderte Gelände liegt am Ortsrand in einer ruhigen Wohngegend, das Zentrum ist fußläufig in 30 Minuten erreicht, der Strand von Portissol ist 800 m entfernt. Im Preis sind Ver- und Entsorgung sowie Strom enthalten. Ganzjährig geöffnet.

C 305 **Camping Les Cigales** (S. 178 A4)
43 Avenue de la Marne, 13260 Cassis, Tel. +33 4 42010734, campingcassis.com
GPS: 43.224163, 5.541622
Der Campingplatz liegt oberhalb des Zentrums auf einem weitläufigen Gelände, Minimarkt und Snackbar sind vorhanden, kostenloses Wi-Fi, es ist keine Reservierung möglich. Busverbindung nach Cassis vor der Tür, Bus Nr. 78 nach Marseille befindet sich in der Nähe. Anfang April bis Anfang November geöffnet.

C 306 **Camping Les Mouettes** (S. 181 G4)
La Couronne, Sainte Croix, 16 Chemin de la Quiétude, 13500 Martigues, Tel. +33 4 42807001, campinglesmouettes.com
GPS: 43.330596, 5.076302
Der 3-Sterne-Campingplatz liegt auf einer Anhöhe mit direktem Zugang zum 400 m entfernten Strand, der Wanderweg GR51 führt am Platz

Camping Le Pansard bietet Stellplätze direkt am Strand.

vorbei. Es gibt ein Restaurant, Brötchenservice und einen Fitnessbereich. Anfang April bis Ende September geöffnet.

S 307 **Aire de Camping-Car Port Carro** (S. 181 G4)
6 Quai Jean Verandy,
13500 Martigues
GPS: 43.328763, 5.040881
Der große offizielle Stellplatz liegt am Ortsrand direkt an der Hafeneinfahrt, Strand und Fahrradweg angrenzend. Es gibt keinen Strom, Ver- und Entsorgung sind im Preis inklusive, Bezahlung am Parkscheinautomaten, maximaler Aufenthalt drei Nächte. Bäcker und Restaurants sind in der Nähe, täglicher Fischmarkt im Hafen. Ganzjährig geöffnet.

↑ Aire de Camping-Car Port Carro

↓ Camping La Tour Fondue in Giens

Aix-en-Provence ist eine lebendige Stadt mit einer bezaubernden Altstadt.

4

DAS HERZ DER PROVENCE

Eine unvergessliche Tour durch Lavendelfelder und in die Gorges du Verdon

Mit dieser Route verabschieden wir uns vom Meer und begeben uns in Landesinnere der Provence. Aix-en-Provence, die Lieblingsstadt der Franzosen, liegt auf dem Weg, und dann beginnen die Lavendelfelder. So weit das Auge reicht erstrahlt das intensive Blau und ein betörender Duft durchzieht die Region. Der Höhepunkt ist der Parc régional du Verdon, der mit seinen schönen Seen und der in Europa einmaligen Schlucht fasziniert.

Die Provence wird vielfach mit dem Hinterland der Côte d'Azur gleichgesetzt, das ist allerdings nicht korrekt. Die Region reicht geografisch von Menton an der italienischen Grenze bis zur Rhône-Mündung hinter Marseille. Im Süden grenzt Frankreichs 31 688 Quadratkilometer großer Verwaltungsbezirk ans Mittelmeer und im Norden bis hinauf in die Alpen. Die Karte Frankreichs hat sich 2016 mit einer Verwaltungsreform komplett verändert, was so manche Urlaubererinnerung durcheinanderbringt. Die neue Region Provence-Alpes-Côte d'Azur, kurz Région Sud genannt, unterteilt sich in die bevölkerungsarme Haute-Provence und die einwohnerstarke Basse-Provence, wozu auch die großen Städte an der Côte d'Azur zählen.

Paul Cézanne ist ein Sohn der Stadt.

HEIMLICHE PROVENCE-HAUPTSTADT

Aix-en-Provence ist das erste Ziel dieser Route und gilt als Lieblingsstadt der Franzosen. In der Universitätsstadt leben 40 000 Studenten und sie machen die 150 000 Einwohner zählende Metropole so lebendig, dass man nicht während der Semesterferien hierherreisen sollte. Die charmante Stadt zeigt ihr ganzes Flair besonders dann, wenn die Menschen flanieren und shoppen, wenn die netten Plätze voller Leben und die Straßencafés gut besucht sind.

Die Parksituation für Wohnmobile ist in Aix-en-Provence so schwierig, dass Camping Chantecler unbestritten die beste Wahl ist, um von dort mit dem Bus in die idyllische Altstadt zu fahren. Das Touristenbüro befindet sich in unmittelbarer Nähe der Bushaltestelle Avenue des Belges und hier erhält man auch den kleinen kostenlosen Stadtplan, in dem alle wichtigen Sehenswürdigkeiten verzeichnet sind. Der Kunstliebhaber wird sicherlich auch die deutschsprachige Broschüre mitnehmen, die den **Cézanne-Rundgang** beschreibt, der mit kleinen Bronzeplättchen und einem eingedruckten »C« auf dem Weg gekennzeichnet ist. Paul Cézanne ist ein Sohn der Stadt und Drucke seiner berühmten Bilder der Montagne Sainte-Victoire sind im Postkartenformat an jeder Ecke zu kaufen. Der Rundgang führt auch zum **Musée Granet**, in dem neben anderen Meistern

ROUTE 4

START- UND ENDPUNKT
Aix-en-Provence und Digne-les-Bains

STRECKENLÄNGE
ca. 240 km

FAHRZEIT
6 bis 7 Tage

BESTE JAHRESZEIT
Mai bis Oktober

Start Aix-en-Provence
A8
A51
D952
D82
59 km
Gréoux-les-Bains

natürlich auch einige Originale von Cézanne zu bewundern sind.

Unser Bummel startet am Office de Tourisme und schon von dort ist der imposante Brunnen **Fontaine de la Rotonde** von 1860 nicht zu übersehen, der von einigen beeindruckenden Statuen umgeben ist. Hier nun beginnt die Flaniermeile **Cours Mirabeau**, eine 440 Meter lange Platanenallee, die von hochherrschaftlichen Häusern gesäumt ist. Biegt man nach dem nächsten Brunnen Fontaine du Roi René nach links, so ist man schon mittendrin in der wunderschönen Altstadt. Nette Boutiquen, edle Spezialitätengeschäfte, urige Bistros, wohin das Auge blickt, und immer wieder sind nette Plätze und kunstvolle Brunnen zu entdecken.

Dann ist plötzlich die platanengesäumte **Place de l'Hôtel de Ville** erreicht, wo der Uhrenturm Tour de l'Horloge das wohl meistfotografierte Motiv der Stadt darstellt. Nur wenige Schritte weiter steht die **Cathédrale Saint-Sauveur**, die zu den ältesten Kirchen Frankreichs gehört und in deren Inneren eine ganz wundervolle Atmosphäre herrscht. Lassen Sie sich bei Ihrem Bummel

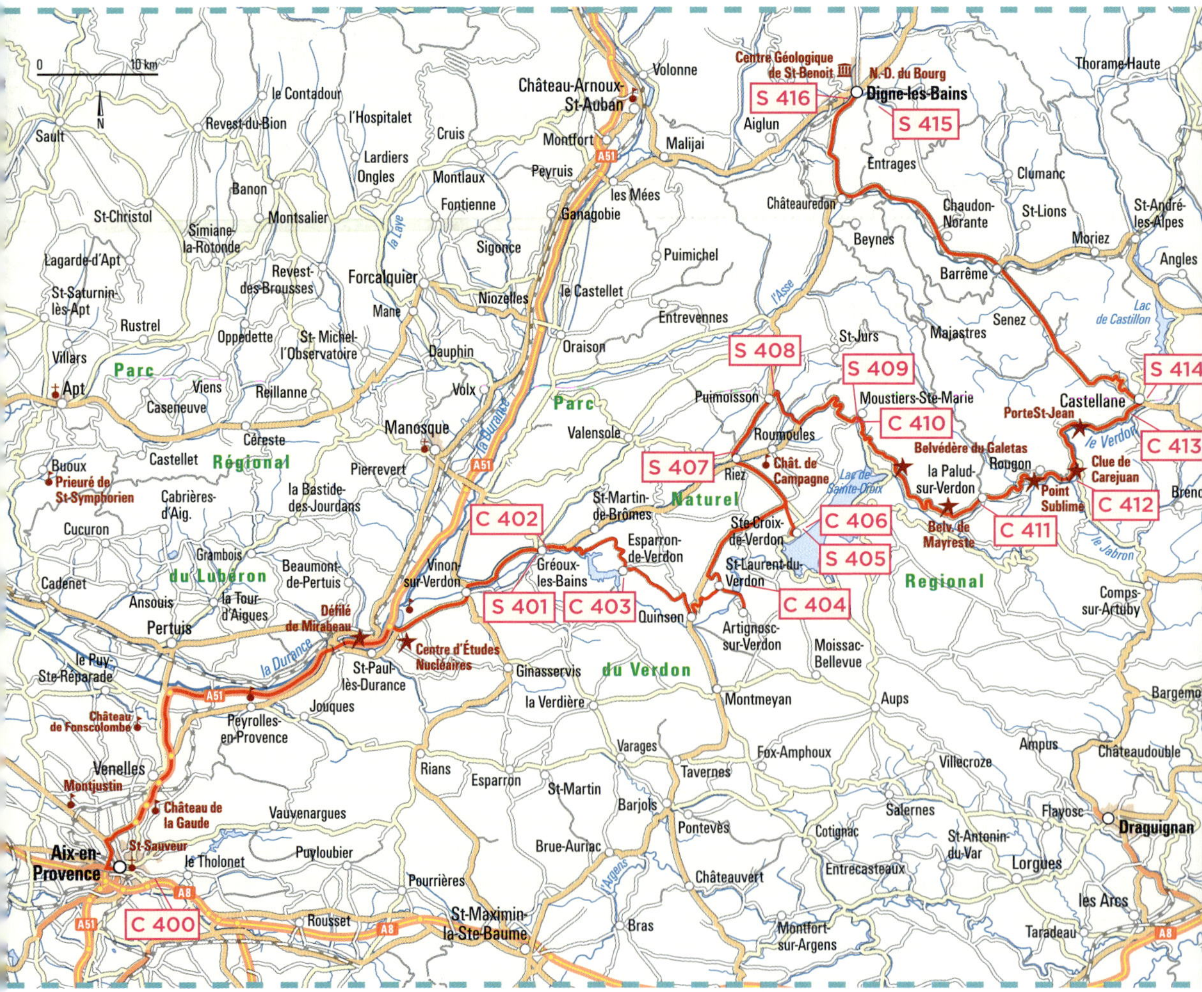

durch Aix-en-Provence nun einfach treiben, setzen Sie sich in eines der Straßencafés, genießen Sie die Stimmung dieser lebendigen Vieux Ville und probieren Sie auch mal die Spezialität der Stadt, der am ersten Sonntag im September sogar die Grande Fête du Calisson gewidmet ist.

WEITER INS HERZ DER PROVENCE

Verdon, so heißt der Fluss, der uns hier ins Landesinnere der Provence lockt. Er entspringt in über 2000 Meter Höhe im Massiv von Sestrière nahe Italien und mündet nach 170 Kilometern bei Cadarache in die Durance, deren Flussverlauf wir seit Aix-en-Provence 40 Kilometer gefolgt sind. Der Name »Verdon« bezieht sich auf die Farbe »vert«, also das grünlich schimmernde Wasser, was auf einen hohen Fluorgehalt durch Algenbewuchs zurückzuführen ist.

Gréoux-les-Bains ist der erste Ort auf unserer Tour entlang des Verdon und hier sollte der Urlauber unbedingt ein wenig verweilen. Die 2600-Seelen-Gemeinde liegt auf 400 Meter Höhe in einem weiten, grünen Tal. Das sympathische kleine Städtchen bietet eine komplette Infrastruktur mit netten Restaurants, einem fantastischen Metzger, Minimarkt, Tankstelle und verlockenden Souvenirgeschäften. Wir befinden uns hier schon unweit der großen Lavendelfelder und so ist es nicht verwunderlich, dass zahlreiche Lavendelseifen und Duftwässerchen, Handtücher mit lavendelfarbigen Stickereien sowie wohlriechende Sträuße und Lavendelsäckchen angeboten werden – aber so ein kleines Mitbringsel aus dem Urlaub ist ja immer eine schöne Erinnerung.

Die nette kopfsteingepflasterte Altstadt wird von einer mächtigen Schlossruine gekrönt, dem **Château des Templiers**, denn der Ort gehörte im 12. und 13. Jahrhundert dem

Tour de l'Horloge in Aix-en-Provence

SPECIAL

CALISSONS D'AIX

Das Mandelkonfekt mit kandierten Melonen und Orangenschalen in Form eines Weberschiffchens ist eine süße Spezialität, die es nur in Aix-en-Provence gibt. Die zerkleinerten Zutaten werden mit erwärmtem Zuckersirup vermischt, dann wird dem Ganzen ein Schuss ätherisches Bittermandelöl hinzugefügt. Nach einem mehrtägigen Ruheprozess werden die Calissons in ihre traditionelle Form gebracht und mit einer Eiweißglasur überzogen. Das Konfekt gibt es in allen hiesigen Patisserien zu kaufen, der größte Produzent ist die Konditorei Roy René.

Eine Bootstour durch die Basses Gorges du Verdon ist ein pures Vergnügen.

Templerorden. Gréoux-les-Bains ist, wie der Name schon sagt, ein Kurort, der so manchen Thermaltouristen anzieht. Rund um das Kurzentrum befinden sich mehrere Hotels und auch dem Camper stehen Campingplätze sowie ein Stellplatz zur Verfügung. So kann man sich hier in Gréoux genüsslich im warmen **Thermalwasser** aalen, was schon die Römer zu schätzen wussten.

AM FLUSSLAUF DES VERDON

Die gut befahrbare D315 führt durch eine leicht hügelige Landschaft und immer wieder bieten sich wunderschöne Aussichtspunkte für einen Fotostopp an. Vereinzelt entdeckt der Reisende Hinweise auf versteckte Campingplätze, von denen sicherlich die herrlichsten Wanderungen möglich sind. In dieser malerischen Umgebung erstreckt sich der **Lac d'Esparron**, einer von mehreren Stauseen, welche die Wassermassen des Verdon bändigen sollen. Das kristallklare und türkisfarbene Wasser ist ein Traum, zum Baden gibt es einige kleine Strände, aber ganz besonders reizvoll sind die Kanu- und Bootstouren, mit denen man die erste Verdon-Schlucht auf dieser Route erkunden kann. Entlang der Basses Gorges du Verdon mit ihren steil abfallenden Felswänden sind Klippen und Höhlen zu entdecken und auch der Wanderweg, der teilweise sogar gesichert die Schlucht entlangführt, ist hoch über dem Wasser immer wieder erkennbar.

Esparron-de-Verdon ist der perfekte Standort für ein paar herrliche Urlaubstage am gleichnamigen See und auf dem Camping Le Soleil hat man von jedem Stellplatz den schönsten Blick auf das Wasser und das Château d'Esparron. Auf der gegenüberliegenden Seeseite ist ein Bootsvermieter zu entdecken, mit dessen Elektrobötchen die spannende Erkundung der Schlucht ein absolutes Vergnügen ist – Badesachen und etwas Leckeres für ein Picknick nicht vergessen!

Quinson liegt auf dem Weg zum nächsten wunderschönen Stausee, das winzige, nur 400 Einwohner zählende Dorf ist aber allemal einen Stopp wert. Quinson ist eine typisch mittelalterliche Ansiedlung der Haute

Provence, die Stadtmauer besitzt sieben Türme sowie zwei Tore und umgibt einen Glockenturm, acht Brunnen und sogar einige Häuser aus dem 15. Jahrhundert. Am Ortsrand befindet sich das interessante **Musée de Préhistoire des Gorges du Verdon** und zeigt laut eigener Werbung die größte Ausstellung ihrer Art in Europa. Auf einer Fläche von 5000 Quadratmetern sowie einem prähistorisch gestalteten Außengelände wird anhand von Funden die Entstehung der Verdon-Schluchten und eine Millionen Jahre alte Menschheitsgeschichte nachvollzogen.

Das Dorf besitzt einen kostenlosen Wohnmobilparkplatz (43.697284, 6.039065), einen großen Campingplatz, eine Kajakbasis und es ist Ausgangspunkt für die Wanderung entlang der unteren Verdon-Schlucht.

Artignosc-sur-Verdon, ein kleines Bergdorf 515 Meter über dem Meer, bietet dem Outdoor-Fan auch alles, was er sich für einige gelungene Urlaubstage in der Region erhofft. Das Dorf selbst ist auf das Schönste

Gréoux-les-Bains
D315
D82
D15 23 km
Quinson
D11
D311
D411 9 km
Artignosc-sur-Verdon

AUSFLUG

ÜBER DER VERDON-SCHLUCHT

Der eindrucksvolle Wanderweg »Promenade des Basses Gorges du Verdon« ist leicht begehbar und auch für Kinder und Hunde gut zu bewältigen. Die rot-weiß, zeitweise gelb markierte Wanderroute des GR99 führt oberhalb und zumeist am Rande der Gorges du Verdon entlang und bietet grandiose Blicke hinunter in die Schlucht. Insgesamt ist die Rundwanderung elf Kilometer lang, auf dem Weg wird ein Tunnel durchquert (Taschenlampe nötig) und die kleine Kapelle Sainte-Maxime besucht. Dies ist eine der schönsten Wanderungen, die man im regionalen Naturpark Verdon machen kann!

Den Lac d'Esparron erkundet man am besten auf einer Kanutour.

An der Pont de Sainte-Croix beginnt der schönste und größte aller Verdon-Stauseen.

restauriert, es beherbergt eine romanische Kirche, einen historischen Waschplatz und rund um den alten Brotbackofen wird jeden Sonntag vor Pfingsten ein Brotfest veranstaltet. Weiterhin gibt es in der Umgebung die schönsten Wandermöglichkeiten und unten an einem kleinen Verdon-See eine Kajakbasis. Direkt daneben liegt der preiswerte Camping Municipal und in unmittelbarer Nähe sorgt das charmante Restaurant O'Calm für das leibliche Wohl.

AM SCHÖNSTEN SEE DER PROVENCE

Nur wenige Kilometer weiter überqueren wir auf der Brücke Pont de Sainte-Croix die Verdon-Schlucht und das Panorama auf den gleichnamigen See ist von hier aus einfach nur überwältigend. Der **Lac de Sainte-Croix** ist mit 10 Kilometer Länge und 2200 Hektar der Größte der Verdon-Seen und der zweitgrößte Stausee Frankreichs. Das türkisfarbene Wasser leuchtet im Sonnenschein derart intensiv, dass man völlig bezaubert ist und sich gar nicht sattsehen kann. Natürlich steht Wassersport an erster Stelle: Der Segler wartet auf Wind, der Kajakfahrer übt sich im Paddeln, Entschleunigung pur bietet das SUP und die Badenixe stürzt sich von einem der Strände ins kühle Nass. Der Lac de Sainte-Croix gilt als der schönste See der Provence, und das sicherlich zu Recht. **Sainte-Croix-du-Verdon** ist ein kleiner Badeort am südlichen Ende des Sees, das ursprüngliche Dorf wurde bei der Errichtung des Stausees Anfang der 1970er-Jahre überflutet, wobei auch eine historische Brücke aus dem 6. Jahrhundert versank. Unbedingt sollte der Wohnmobilfahrer in Richtung des neuen Dorfes hinunterfahren, denn die Gemeinde hat einen Stellplatz in schönster Lage geschaffen und direkt am See gibt es noch einen Camping Municipal.

LAVENDEL ÜBERALL

Riez, rund zehn Kilometer nördlich des Lac de Sainte-Croix, wurde bereits zu Römerzeiten gegründet und tatsächlich sind noch heute einige Relikte dieser längst vergangenen Zeit zu entdecken. Auf dem Weg zum Stellplatz stehen am Ufer des Flüsschens Le Colostre vier schlanke Säulen aus grauem Granit, die von Marmorkapitellen gekrönt sind. Es sind Überreste eines **Apollotempels**, denn zu römischer Zeit war Riez eine Großstadt mit 20 000 Einwohnern. Heute leben hier gerade mal knapp 1700 Menschen, es gibt eine nette Altstadt und besonders mittwochs und samstags ist während der Wochenmärkte richtig was los. Nicht versäumen sollte man die Besichtigung eines weiteren kunsthistorischen Juwels: Das Baptisterium aus dem 5. Jahrhundert gehört zu den ältesten christlichen Bauwerken Frankreichs. Die quadratische Taufkapelle wird in ihrem achteckigen Inneren mitten durch die säulengetragene Kuppel hindurch von der Sonne beleuchtet, ein ergreifender Anblick.
Riez liegt am Rande des **Plateaus von Valensole**, das als Hochburg der Lavendelproduktion bekannt ist. Wer in den Monaten Juni und Juli unterwegs ist, wird hier ein violettes Blütenmeer erleben. Je nach Wetter beginnt spätestens Anfang August die Ernte und ein betörender Duft überzieht die Hochebene. In und um das kleine Dorf Valensole herum gibt es acht Lavendel-Destillerien, ansonsten ist es in der Region recht einsam und ruhig. In **Puimoisson** wird inmitten von Lavendelfeldern ein Stellplatz angeboten, von dem ausgewiesene Rad- und Wanderwege in alle Himmelsrichtungen führen.

KLEINOD MOUSTIERS-SAINTE-MARIE

Der Ort Moustiers-Sainte-Marie präsentiert sich so malerisch, dass man den Besuch des autofreien Dorfes auf keinen Fall versäumen sollte. Das »Plus Beau Village de France« liegt hoch oben auf einer Anhöhe und schmiegt sich eindrucksvoll an eine Felswand. Wahrzeichen ist ein goldener Stern, der vor dem blauen Himmel zwischen zwei Felsen zu entdecken ist. Der Legende nach soll ein in Gefangenschaft geratener Kreuzfahrer geschworen haben, einen Stern aufzuhängen, wenn er wohlbehalten wieder in sein Heimatdorf zurückkäme – und so geschah es. Der heutige Stern hängt an einer 135 Meter langen Kette, ist mit Feingold beschichtet, wiegt rund 150 Kilogramm und hat einen Durchmesser von 1,25 Metern – zu sehen ist er trotzdem erst auf den zweiten Blick.

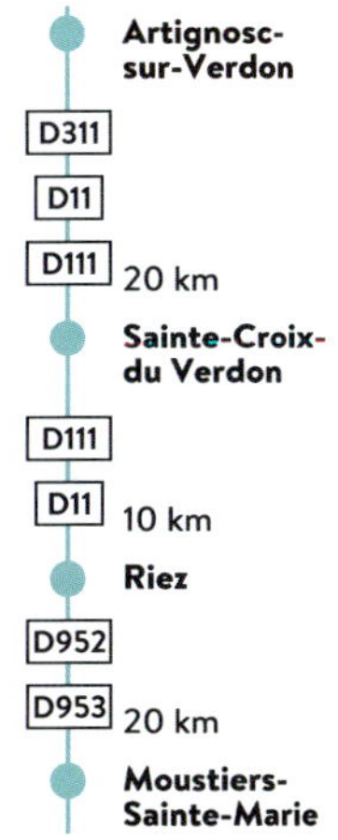

Wallfahrtskapelle in Moustiers

Der Grand Canyon du Verdon ist eine 700 Meter tiefe Schlucht und äußerst beeindruckend.

Tipp

CRÊPE UND GALETTE

Probieren Sie doch mal die deftige Variante der Crêpe, in der Bretagne Galette genannt. Das kleine Bistro Lou Roucas, im Zentrum von Moustiers an der Place Pomey gelegen, hat eine große Auswahl dieses typisch französischen Snacks anzubieten. Traditionell wird der dünne Pfannkuchen als »Galette complète« angeboten und mit Schinken, Käse und einem Spiegelei belegt. Der Klassiker unter den süßen Varianten ist »Crêpe Suzette«, sie wird mit Orangenlikör, zum Beispiel Grand Marnier, beträufelt und flambiert. Bon appétit!

Auf einem Felssporn oberhalb des Örtchens befindet sich noch ein weiteres Kleinod, die Kapelle **Notre-Dame-de-Beauvoir**, zu der ein malerischer Kreuzweg emporführt und die jedes Jahr im September Ziel einer Wallfahrt ist. Dann herrscht in Moustiers-Sainte-Marie Volksfeststimmung, aber auch ansonsten ist das idyllische Bergdorf ein Besuchermagnet, der mit seinen Gässchen und dem rauschenden Bergbach zum Bummeln und Schlemmen einlädt. Zur Zeit von Sonnenkönig Ludwig XIV. erlebte das Städtchen eine wirtschaftliche Blütezeit, denn man hatte begonnen, sich auf die profitträchtige Fayence-Produktion zu konzentrieren. Noch heute gibt es 20 Ateliers, die Tonwaren in diesem traditionellen Stil herstellen und in ihren Boutiquen verkaufen. Stilvoll in einem mittelalterlichen Gewölbe des Rathauses befindet sich ein kleines **Fayence-Museum**, das Einblick in die Geheimisse dieser alten italienischen Kunst ermöglicht.
In Moustiers-Sainte-Marie befindet sich auch eine Informationsstelle des regionalen Naturparks Verdon, in der man vielseitige Auskünfte vor allen Dingen zu sportlichen Aktivitäten wie Wandern, Klettern und Kanufahren und deren Veranstaltern erfährt.

Moustiers-Sainte-Marie
D952 20 km
La Palud-sur-Verdon

EUROPAS GRÖSSTE SCHLUCHT

Parc régional du Verdon heißt ein insgesamt 180 000 Hektar großer Naturpark, der zum Kajak- und Kanufahren, zum Rafting, aber auch zum Klettern und Schluchtenwandern oder einfach nur zum Staunen einlädt. Wir haben bereits das lavendelbewachsene Plateau de Valensole, die herrlichen Stauseen, einige wunderschöne Bergdörfer und die reizvollen Basses Gorges du Verdon kennengelernt. Nun nähern wir uns dem Highlight des weitläufigen Naturparks, dem Grand Canyon du Verdon.
Der Fluss hat sich im Laufe von Millionen Jahren bis zu 700 Meter in die Felswände gegraben und dabei Europas tiefste Schlucht geschaffen. Von Moustiers-Sainte-Marie kommend, hat der Wohnmobilist nach etwa drei Kilometern die Qual der Wahl, auf welcher Flussseite er diesen ganz besonders spektakulären Schluchtenabschnitt erleben möchte. Für die Strecke links des Verdon

Kletterparadies Verdon-Schlucht

Von der Route des Crêtes D23 bieten sich immer wieder faszinierende Blicke in die Tiefe.

entlang der **Rive gauche** biegt man in Richtung Pont du Galetas ab, um in Aiguines auf die D71 zu kommen. Die gut befahrbare Straße durchquert einige schmale Tunnel und bietet immer wieder Parkmöglichkeiten an grandiosen Aussichtspunkten. An der Pont de l'Artuby kann man sich von der 110 Meter langen Brücke per Bungee-Seil in die Tiefe stürzen oder einfach nur den Mut der Jumper bewundern. Am Balcon de la Mescla blickt der Reisende staunend auf den weit unten liegenden Zusammenfluss von Verdon und Artuby, welcher der Brücke ihren Namen gab. Das Felsdörfchen Trigance mit seinem Château liegt an der Abzweigung in Richtung Castellane.

Für die Fahrt entlang der rechten Flussseite **Rive droite** fährt man von Moustiers-Sainte-Marie auf der D952 weiter geradeaus, um dann hinter La Palud-sur-Verdon auf die ausgeschilderte Route des Crêtes D23 abzubiegen. Die Fahrt auf dieser 23 Kilometer langen Höhenstraße ist ein grandioses Naturerlebnis, das dem Provence-Reisenden wohl immer in Erinnerung bleiben wird. Die Einbahnstraße ist gut ausgebaut, eine Parkmöglichkeit folgt der anderen und das Panorama in die schöne Bergwelt rundum, aber besonders in die unglaubliche Tiefe macht geradezu sprachlos. Planen Sie etwas Zeit ein, denn Sie werden garantiert am Belvédère de l'Escalès in die eine Schluchtenrichtung blicken, am Belvédère de la Dent d'Aire die andere Seite des Verdon bewundern und spätestens am Belvédère du Tilleul erneut in die Tiefe blicken. Über Ihnen kreisen riesige Adler und Bartgeier, die Sonne beleuchtet die spektakulären Felswände und der Himmel strahlt im schönsten Blau – welch ein Erlebnis!

Wer ein wenig Zeit hat und die Gegend ausführlicher genießen möchte, dem sei die komplette Rundfahrt um den Grand Canyon du Verdon empfohlen, denn an diesem Naturwunder kann man sich gar nicht sattsehen.

OUTDOOR-ERLEBNISSE

La Palud-sur-Verdon ist nicht nur der ideale Ausgangspunkt für die Fahrt auf beiden Höhenstraßen, von den Campingplätzen in der Umgebung kann man sich auch zu fantastischen Wanderungen oder Mountainbike-Routen aufmachen sowie geführte Kletter- oder Kajaktouren buchen. Das sicherlich neueste Outdoor-Erlebnis mit großem Spaßfaktor ist Aqua-Wandern, wobei man zum Beispiel auf einer Länge von 1,5 Kilometern das smaragdgrüne Wasser des Verdon springend, schwimmend sowie geradezu schwebend hautnah erleben kann. Gleich mehrere Abenteuer-Sportcenter verleihen die entsprechenden Ausrüstungen, geben Einweisungen und organisieren auch den Shuttleservice zu den besten Einstiegsmöglichkeiten. In der Ortsmitte von La Palud-sur-Verdon startet auch der Shuttlebus zu einer legendären Wanderung, die dem Höhlenforscher Martel gewidmet ist, der im Jahre 1905 als Erster den Grand Canyon durchdringen konnte.

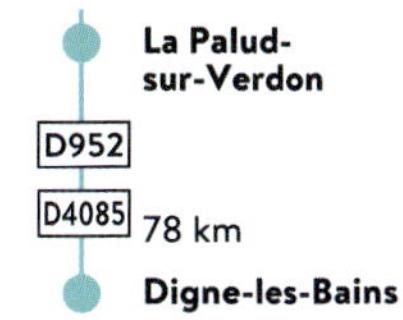

Castellane liegt am Ende beziehungsweise Anfang der 53 Kilometer langen Gorges du Verdon und noch vor Ortsbeginn empfängt der 5-Sterne-Camping Sandaya seine Gäste direkt am Fluss. Im Städtchen selbst steht dem Camper ein schlichter Stellplatz zur Verfügung, von dem ein eindrucksvoller Blick auf die berühmte Felswand Le Roc möglich ist. Der im Sonnenschein golden leuchtende Felsen ist von einer Wallfahrtskirche gekrönt, zu der eine halbstündige Wanderung steil hinaufführt. Hier steht man nun 184 Meter über dem provenzalischen Bergdorf und hat beste Sicht auf die Stadtmauern und den Fluss. Auch der Bummel durch die nette Altstadt mit ihren engen Gassen, kleinen Geschäften und zahlreichen Einkehrmöglichkeiten ist reizvoll. Besonders während der Wochenmärkte mittwochs und samstags tummeln sich rund um die Place Marcel Sauvaire im Sommer eine Menge Touristen.

Castellane ist überdies ein echter **Hotspot für Wassersportler**, denen hier ein anspruchsvoller Kajak-und Rafting-Parcours geboten wird. Auch für Anfänger und Familien mit Kindern ist ausreichend Spaß

AUSFLUG

SENTIER BLANC-MARTEL

Die 14,5 Kilometer lange Wanderung startet bei der Schutzhütte Chalet de la Maline an der D23, wohin der Wanderer mit dem Shuttle Navette Blanc-Martel transportiert wird. Zunächst geht es steil bergab, um dann immer der rot-weißen Markierung zu folgen. Der Weg führt ein paar Meter oberhalb des Verdon entlang, bergauf und bergab geht es unter überhängenden Felsen hindurch und an gesicherten Abschnitten vorbei. Dann ist der Escalier Imbert erreicht, den man 250 Eisenstufen hinunterklettern muss, um last, but not least zwei Tunnel zu durchqueren. Weit oberhalb des Verdon liegt der Aussichtspunkt Point Sublime und von hier fährt der Wanderbus zurück nach La Palud-sur-Verdon.

↑ Nette Mitbringsel aus Lavendel
↓ Die Felswand Le Roc in Castellane

vorhanden – sachkundige Guides passen auf, dass nichts passiert, und die notwendige Ausrüstung wird gestellt.

Der charmante Ort liegt im Übrigen an der Route Napoléon und in der Rue National Nr. 34 steht das Haus, in dem der Kaiser am 3. März 1815 bei seiner Rückkehr von seinem Verbannungsort auf der Insel Elba einkehrte. Die beliebte Touristenstraße verläuft durch die Region Provence-Alpes-Côte d'Azur vom Golfe Juan über Grasse bis nach Sisteron, dem Tor zur Provence.

Wer nun der mit dem kaiserlichen Adler markierten RN85 gen Süden folgt, um zum Beispiel entlang der Italienischen Riviera nach Hause zu fahren, wird kurz vor Nizza wieder ans Mittelmeer kommen. Auf dem Weg gen Norden hingegen liegt **Digne-les Bains.** Das 16 000 Einwohner zählende Städtchen ist ideal für einen Stopp auf dem direkten Heimweg. Der Thermalkurort ist spezialisiert auf Rheuma-Beschwerden sowie Atemwegserkrankungen, der Ort gilt aber auch als Metropole des Lavendelanbaus und jedes Jahr im August findet hier ein großes **Lavendelfest** statt, bei dem Tausende von Lavendelsäckchen unter den Zuschauern verteilt werden. Fünf Tage lang dreht sich alles um die berühmte lilafarbene Pflanze, ein Korso aus mit Blumen geschmückten Umzugswagen zieht durch die Stadt, Musik und Tanz sorgen für Stimmung, aber an das leibliche Wohl ist natürlich auch gedacht. Seit 1929 feiert die Stadt das Ende der Lavendelernte, die einst wichtigste Einnahmequelle der örtlichen Züchter war. Wer sich für die Tradition des Lavendelanbaus interessiert, dem sei das **Musée de la Lavande** empfohlen.

Mit Digne-les-Bains verabschieden wir uns von der Provence und freuen uns auf die neue Rundreise westlich der Rhône, wo wir auch viele interessante Städte, herrliche Strände, imposante Bergregionen und grandiose Schluchten kennenlernen werden.

Einmal rund um den Grand Cayon du Verdon zu fahren ist ein unvergessliches Erlebnis.

PRAKTISCHE HINWEISE

TOURISTINFORMATIONEN

Office de Tourisme Aix-en-Provence
300 Avenue Giuseppe Verdi, 13605 Aix-en-Provence, Tel. +33 4 42161161, aixenprovencetourism.com

Office de Tourisme Gréoux-les-Bains
7 Place de l'Hôtel de Ville, 04800 Gréoux-les-Bains, Tel. +33 4 92780108, greoux-les-bains.com

Office de Tourisme Moustiers-Sainte-Marie
Maison de Lucie, Place de l'Église, 04360 Moustriers-Sainte-Marie, Tel. +33 4 92746784, moustiers.fr

Office de Tourisme Castellane
Rue Nationale, 04120 Castellane, Tel. +33 4 92836114, verdontourisme.com

Office de Tourisme Digne-les-Bains
Place du Tampinet, 04000 Digne-les-Bains, Tel. +33 4 92366262, dignelesbains-tourisme.com

MUSEEN/AUSFLÜGE/ ATTRAKTIONEN

Musée Granet
Place St-Jean-de-Malte, 13605 Aix-en-Provence, Tel. +33 4 42528832, museegranet-aixenprovence.fr
Das Museum ist außer montags das ganze Jahr geöffnet, an jedem ersten Sonntag im Monat ist der Eintritt frei.

Location de Bateaux – La Perle du Verdon
Le Port, 04800 Esparron-de-Verdon, Tel. +33 4 92771074, laperleduverdon.fr
Verleih von Tret- und Elektrobooten sowie Kanus, geöffnet von Anfang April bis Ende September.

Musée de la Faïence
Rue du Seigneur Bertet de la Clue, 04360 Moustiers-Sainte-Marie, Tel. +33 4 92746164, musee-moustiers.fr
Das Museum ist im Rathaus untergebracht und täglich außer dienstags geöffnet.

Informationsstelle des Parc naturel régional du Verdon
Domaine de Valx, 04360 Moustiers-Sainte-Marie, Tel. +33 4 92746800, parcduverdon.fr

Abenteuersportcenter Aventures et Nature Verdon
1 Route de Moustiers, 04120 La Palud-sur-Verdon, Tel. +33 6 82184571, aventures-et-nature.com
Dies ist einer von drei Outdoor-Organisatoren im Ort.

Rafting Verdon
Chemin des Hautes Listes, 04120 Castellane, Tel. +33 7 63636950, raftsession.com
Es gibt mehrere Wassersport-Anbieter im Ort.

Musée de la Lavande
32 Boulevard Gassendi, 04000 Digne-les-Bains, Tel. +33 4 90769123, museedelalavande.com
Das Museum ist von März bis Dezember geöffnet.

CAMPING- UND STELLPLÄTZE

C 400 **Camping Chantecler**
(S. 178 A2)
41 Avenue du Val Saint-André, 13100 Aix-en-Provence, Tel. +33 4 42261298, campingchantecler.com
GPS: 43.515367, 5.474461
Der große Campingplatz ist 2 km vom Zentrum entfernt, Bushaltestelle vor der Tür. Der Platz hat einen schönen Baumbestand, beheizte Sanitäranlagen und ein von Mai

Aire de Camping-Car Gréoux-les-Bains

Camping Le Soleil

bis Oktober geöffnetes Schwimmbad. Einkaufsmöglichkeiten sind nach 200 m erreicht. Ganzjährig geöffnet.

S 401 Aire de Camping-Car (S. 182 C5)
4–8 Chemin de la Barque,
04800 Gréoux-les-Bains
GPS: 43.755182, 5.889629
Der Stellplatz für 75 Mobile befindet sich auf einem ehemaligen Campingplatzgelände. Ver- und Entsorgung sowie Strom sind vorhanden, Bezahlung per Parkscheinautomat, das Zentrum ist 500 m entfernt. Ganzjährig geöffnet.

C 402 Camping Le Verseau (S. 182 C5)
113 Chemin Gaspard de Besse,
04800 Gréoux-les-Bains,
Tel. +33 4 92776710,
camping-le-verseau.com
GPS: 43.751389, 5.881781
Der 4-Sterne-Campingplatz liegt direkt am Fluss, bietet einen beheizten Pool, Restaurant, Brötchenservice und ist 900 m von der Therme entfernt. Ganzjährig geöffnet.

C 403 Camping Le Soleil (S. 182 C5)
1000 Chemin de la Tuilière,
04800 Esparron-de-Verdon,
Tel. +33 4 92771378,
campasun.eu/lesoleil/le-camping
GPS: 43.734350, 5.970545
Der Terrassencampingplatz besitzt 4 Sterne und bietet von jeder Stellfläche Blick auf den See. Es gibt einen eigenen Strand mit Kanuverleih, Restaurant mit Brötchenservice und Wi-Fi auf dem ganzen Platz. Das Zentrum ist 1,5 km entfernt. Es sind keine Hunde erlaubt. Mitte April bis Anfang Oktober geöffnet.

C 404 Camping L'Éouvière Verte (S. 182 D5)
1134 Chemin de l'Éouvière,
83630 Artignosc-sur-Verdon,
Tel. +33 4 94807106,
camping-artignosc.fr
GPS: 43.724278, 6.095626
Der schlichte, preiswerte Camping Municipal liegt direkt am Fluss, die Wassersportbasis ist nebenan. Es gibt ein Restaurant und Brötchenservice, das Dorf ist 2,5 km entfernt. Ende April bis Mitte September geöffnet.

S 405 Aire de Camping-Car (S. 182 D5)
Le Cours D111A, 04500
Sainte-Croix-du-Verdon,
stecroixduverdon-tourisme.fr
GPS: 43.760808, 6.150947
Der offizielle, vorbildlich angelegte Stellplatz liegt oberhalb von Dorf und See und bietet einen fantastischen Blick. Ver- und Entsorgung sind von April bis Oktober offen, Strom ist vorhanden, zum Kassieren der Parkgebühr kommt ein Mitarbeiter der Gemeinde. Ganzjährig geöffnet.

C 406 Camping Municipal Les Roches (S. 182 D5)
Route du Bord du Lac,
04500 Sainte-Croix-du-Verdon,
Tel. +33 4 92777899,
lesrochesverdon.com
GPS: 43.761005, 6.153317
Der städtische Campingplatz

Aire de Camping-Car Castellane

Aire de Camping-Car Riez

liegt direkt am See, ist naturbelassen und hat einen schönen Baumbestand. Restaurants und Einkaufsmöglichkeiten im angrenzenden Dorf. Anfang April bis Anfang November geöffnet.

S 407 Aire de Camping-Car (S. 182 D5)
Rue du Faubourg Saint-Sébastien, 04500 Riez
GPS: 43.821904, 6.092243
Der neu angelegte, gebührenpflichtige Stellplatz für 40 Mobile liegt am Ortsrand. Es gibt Ver- und Entsorgung, aber keinen Strom. Supermarkt in unmittelbarer Nähe, das Zentrum ist in wenigen Gehminuten erreicht. Ganzjährig geöffnet.

S 408 Aire de Camping-Car (S. 182 D4)
Basses Touires,
04410 Puimoisson
GPS: 43.869670, 6.131680
Der gebührenpflichtige Stellplatz für 40 Mobile liegt inmitten der Lavendelfelder in der Nähe des Dorfes. Toller Blick in die weite Umgebung, Ver- und Entsorgung sowie Strom sind vorhanden, Zahlung per Parkscheinautomat. Anfang April bis Ende Oktober geöffnet.

S 409 Aire de Camping-Cars (S. 183 E5)
Chemin de Quinson, 04360 Moustiers-Sainte-Marie
GPS: 43.843671 6.218852
Der gebührenpflichtige Stellplatz für 25 Mobile liegt unterhalb des Dorfes, Bezahlung per Parkscheinautomat, Ver- und Entsorgung sind vorhanden, jedoch kein Strom. Das historische Zentrum ist zu Fuß erreichbar, es fährt auch ein Touristenbähnchen hinauf. Ganzjährig geöffnet.

C 410 Camping Saint-Jean (S. 182 D5)
Quartier Saint Jean, 04360 Moustiers-Sainte-Marie,
Tel. +33 4 92746685,
camping-st-jean.fr
GPS: 43.843729, 6.214918
Der ansprechend begrünte Campingplatz liegt zu Ortsbeginn unterhalb des historischen Zentrums. Es gibt einen Minimarkt, eine Bar und von Juni bis September kommt ein Pizzatruck, WLAN ist kostenlos. Mitte März bis Mitte Oktober geöffnet.

C 411 Camping Municipal le Grand Canyon (S. 183 E5)
580 Rte de Castellane,
04120 La Palud-sur-Verdon,
Tel. +33 4 92773813,
verdontourisme.com
GPS: 43.779939, 6.348858
Der städtische, schlichte Campingplatz liegt auf einer naturbelassenen großen Wiese mit schönem Baumbestand. Das Dorf mit Shuttleservice, Kletterschule und Restaurant ist 800 m entfernt. Anfang April bis Ende September geöffnet.

C 412 Camping Municipal Verdon Carajuan (S. 183 E5)
D952, 04120 Rougon,
Tel. +33 4 92837094,
camping-gorgesduverdon-carajuan-rougon.com
GPS: 43.795835, 6.437270
Der schlichte Campingplatz ist naturbelassen und liegt einsam oberhalb des Verdon.

Camping Municipal le Grand Canyon

Aire de Camping-Car Sainte-Croix-du-Verdon

Es besteht ein Shuttleservice zum Blanc-Martel, der Point Sublime ist 4 km entfernt, Hydrospeed-Anbieter anbei. Anfang April bis Ende September geöffnet.

C 413 Camping Sandaya Domaine du Verdon
(S. 183 F5)
D952, 04120 Castellane,
Tel. +33 4 92836129,
sandaya.fr
GPS: 43.838596, 6.494525
Der große 4-Sterne-Campingplatz liegt direkt am Verdon und besitzt einen beheizten Aquapark mit Rutsche und Wellness. Ein Minimarkt, eine Bar, eine Snackbar und ein Restaurant sind vorhanden. Das Zentrum von Castellane ist 3 km entfernt. Anfang Mai bis Ende September geöffnet.

S 414 Aire de Camping-Car
(S. 183 F4)
Ancienne Route de Grasse,
04120 Castellane
GPS: 43.846100, 6.515169
Der offizielle, gebührenpflichtige Wohnmobilstellplatz liegt im Ort in Flussnähe und unterhalb eines Felsens. Ver- und Entsorgung sind vorhanden, aber kein Strom. Ganzjährig geöffnet.

S 415 Aire de Camping-Car
(S. 183 E3)
Avenue des Thermes,
04000 Digne-les-Bains
GPS: 44.079665, 6.261518
Der kostenlose Stellplatz für 50 Mobile liegt an der Therme, außerorts in der Nähe eines Flusses. Ver- und Entsorgung sind vorhanden, jedoch kein Strom. Ganzjährig geöffnet.

S 416 Aire de Camping-Car
(S. 182 D3)
Promenade du Tibet,
0400 Digne-les-Bains
GPS: 44.082676, 6.221636
Der kostenlose Stellplatz für 15 Wohnmobile liegt am Fluss neben der Sporthalle. Ver- und Entsorgung sind vorhanden, jedoch kein Strom. Ein Radweg führt am Platz vorbei, das Zentrum ist fußläufig erreichbar. Ganzjährig geöffnet.

Aire de Camping-Car Moustiers-Sainte-Marie

Avignon ist ein kulturhistorisches Juwel, das man unbedingt gesehen haben sollte.

5

LEBENSADER RHÔNE UND LEBENSRAUM CAMARGUE

Kulturelle und landschaftliche Highlights auf dem Weg ans Mittelmeer

Unsere zweite große Rundreise durch Südfrankreich startet in Avignon, der Stadt der Päpste. Die außergewöhnliche Route folgt der Rhône gen Süden und schließlich ist mit der Camargue ein völlig anderes Stückchen Frankreich erreicht. Allerorts spürt der Urlauber den jahrhundertealten katalanischen Einfluss und obendrein bezaubert der Anblick der rosa Flamingos, der schwarzen Stiere und der weißen Pferde.

Die Rhône, Frankreichs wasserreichster Fluss, ist eine historische Grenze, die es schon im Mittelalter gab. So gehörte die Region östlich des großen Stroms zum Heiligen Römischen Reich Deutscher Nation und die westliche Flussseite in den Herrschaftsbereich des französischen Königs. Die Route du Soleil N7 folgt der Rhône gen Süden, wo unsere Reise mit einer Besichtigung der »Stadt der Päpste« beginnt.

STADT DER PÄPSTE

Avignon ist unbestritten einen Besuch wert, und es gibt so viele Sehenswürdigkeiten, dass der kulturhistorisch Interessierte mehrere Tage hier verbringen wird. Wer das Wohnmobil auf der Île Barthelasse geparkt hat, erreicht nach 15 Minuten Fußweg den berühmten Pont d'Avignon. Einst überspannte die 900 Meter lange Brücke, an die das bekannte Liedchen »Sur le pont d'Avignon« erinnert, die Rhône bis zur gegenüberliegenden Tour Philippe-le-Bel. Nach mehrmaligen Zerstörungen durch Hochwasser gibt es heute nur noch vier der einst 22 Brückenbögen, und so endet die Brücke mit ihrer kleinen Kapelle mitten im Fluss. Gegenüber dem Pont betritt man die Altstadt durch die **Tour de la Porte du Rocher** und befindet sich sofort im alten Kern, der nach wie vor von einer fünf Kilometer langen Stadtmauer umgeben ist. Im 14. Jahrhundert war die Stadt der Mittelpunkt der christlichen Welt und fast hundert Jahre lang Residenz von neun Päpsten. In diesem für Avignon goldenen Zeitalter wurde der Papstpalast ständig erweitert und der Klerus baute sich rundum repräsentative Häuser, sogenannte Kardinal-Livrées – man verstand zu leben! Dagegen wirkt der **Palais des Papes** eher wie eine Festung und tatsächlich diente er nach der Französischen Revolution als Gefängnis. Trotz des kargen Inneren zählt das einmalige Bauwerk heute zu den meistbesuchten Sehenswürdigkeiten Frankreichs. Wer Interesse an einer mit Audioguide begleiteten Besichtigung hat, erwirbt die Eintrittskarten im ehemaligen Wächterhäuschen. Im riesigen Innenhof

Der berühmte Pont d'Avignon

ROUTE 5

START- UND ENDPUNKT
Villeneuve-lès-Avignon und Le Grau-du-Roi

STRECKENLÄNGE
ca. 115 km

FAHRZEIT
5 bis 6 Tage

BESTE JAHRESZEIT
April bis Oktober

finden jedes Jahr im Sommer anlässlich eines weit über die Grenzen hinaus bekannten Festivals Theateraufführungen und Konzerte statt (palais-des-papes.com).
Hinter dem Palast ist vor dem blauen Himmel eine goldene Madonna zu sehen, die die Kuppel der **Cathédrale Notre-Dame-des-Doms** ziert. Im Kircheninneren sind unter anderem ein marmorner Papstthron und die Gräber der Päpste von Avignon zu entdecken. Unbedingt sollte der Urlauber einen Spaziergang durch den anschließenden Park zum Rocher des Doms hinauf machen, denn der Blick von hier oben über die Rhône bis hin zum Mont Ventoux ist wirklich wunderschön.
Das Zentrum der Vieille Ville von Avignon bildet die platanengesäumte **Place de l'Horloge** mit ihren Cafés und Restaurants, der Oper und dem Rathaus Hôtel de Ville. Der Uhrenplatz wird anlässlich des Festivals im Sommer zur Freilichtbühne für Künstler aller Art (festival-avignon.com). Spaziert man von hier aus die Rue de la République weiter, so ist bald das Office de Tourisme erreicht,

Vom Palais des Papes fällt der Blick hinüber nach Villeneuve-lès-Avignon.

SPECIAL

DIE GEGENPÄPSTE

Im Jahre 1305 fand nach dem Tod von Benedikt XI. ein Konklave statt, bei dem sich die Kardinäle nicht auf einen neuen Papst einigen konnten. Der mächtige französische König Philippe le Bel setzte in dessen Abwesenheit den Bischof von Bordeaux als Papst Clemens V. durch. Dieser blieb allerdings in Frankreich und erhob Avignon zur Hauptstadt der Christenheit. Anfang des 15. Jahrhunderts war das kirchenpolitische Chaos dann perfekt: In Rom regierte Gregor XII., in Avignon Benedikt XIII. und auf dem Konzil von Pisa wurde 1409 Alexander V. zum dritten Papst gewählt. Diese Spaltung der Kirche wurde erst mit dem Konzil zu Konstanz (1414–1418) beendet.

das den obligatorischen kostenlosen Stadtplan bereithält. In der Altstadt rundum verstecken sich so viele Besonderheiten, dass ein wenig Orientierungshilfe guttut.
Wie in früheren Zeiten üblich, besitzen die kopfsteingepflasterten Gassen die Namen des Handwerks, das hier ausgeübt wurde. Ganz besonders idyllisch ist die **Rue des Teinturiers**, die Straße der Tuchfärber, die dem Flussverlauf der Sorgue folgt. Die alten Wasserräder drehen sich immer noch, aber in die Häuser sind mittlerweile Ateliers, Antiquitätenläden und jede Menge Bars eingezogen. Auch die Markthallen **Les Halles** sind einen Besuch wert, in denen von Dienstag bis Sonntag jeden Vormittag 40 Händler frische kulinarische Spezialitäten aus der Region anbieten. Auf der Place des Carmes, unweit des Papstpalastes, findet darüber hinaus jeden Sonntag ein Flohmarkt statt.
Von den Übernachtungsmöglichkeiten auf der Île Barthelasse ist auch die Besichtigung

Von der Île Barthelasse hat man einen tollen Blick über die Rhône und zum Pont d'Avignon.

der Schwesterstadt auf der anderen Seite der Rhône fußläufig machbar. **Villeneuve-lès-Avignon** war im 13. Jahrhundert Grenzposten des französischen Königreiches und aus dieser Zeit stammt auch der Wachturm **Tour Philippe-le-Bel**. Er kann gegen einen kleinen Obolus bestiegen werden und bietet einen grandiosen Blick in die weite Umgebung. Avignon war zur Zeit der Päpste mit 30 000 Einwohnern eine der größten Städte Europas und der Klerus war unvorstellbar reich. Da auf der anderen Seite der Rhône der Platz für repräsentative Häuser rar geworden war, ließen sich die Kirchenfürsten zunehmend in Villeneuve-lès-Avignon prächtige Wohnsitze mit fantastischen Gärten bauen. Des wunderschönen Gartens wegen ist vor allen Dingen das Fort Saint-André einen Besuch wert. Die **Jardins de l'Abbaye** sind ein romantisches Gesamtkunstwerk innerhalb der Ruinen des terrassenförmigen Klostergartens. Unzählige archäologische Besonderheiten verstecken sich zwischen Zypressen, uralten Olivenbäumen und mediterranen Duftkräutern und schon allein der Blick hinüber zum gewaltigen Papstpalast lohnt den Aufstieg zur Festungsanlage.
Für den kurzen Stadtbesuch parkt man am besten in der Avenue Charles de Gaulle neben der Boulebahn (43.963960, 4.801234). Auf dem großen Platz gegenüber findet jeden Donnerstag ein großer Markt statt, aber auch das nahe Zentrum ist einen Spaziergang wert.

COURSE CAMARGUAISE IN BEAUCAIRE

Beaucaire ist das nächste Ziel dieser Reise und nach 28 Kilometern erreicht. Wir befinden uns nun im Département Gard in der Region Okzitanien westlich der Rhône. Mitten durch den Ort verläuft der Canal du Rhône à Sète, der nach 98 Kilometern in den Étang de Thau mündet (s. Tour 6). Eine nette Promenade führt entlang des Hafenbeckens, in dem Ausflugs-, Fischer- und Hausboote einander abwechseln. Direkt am

Kanal befindet sich auch ein kostenloser Wohnmobilstellplatz. Wer einen Campingplatz bevorzugt, ist nicht weit entfernt am gegenüberliegenden Rhôneufer in Tarascon gut aufgehoben.
In Beaucaire begegnet uns zum ersten Mal die alte Tradition des **Course camarguaise**, der von April bis Oktober aber nicht nur in der hiesigen Arena zu erleben ist. Es handelt sich um eine südfranzösische Version des Stierkampfes, bei dem das Tier nicht getötet wird. Bei diesen Ferias kommen die schwarzen Camargue-Stiere zum Einsatz, die etwa 1,50 Meter groß sind. Zwischen ihren spitz zulaufenden Hörnern sind sogenannte Kokarden befestigt, Trophäen, die es dem Tier zu entreißen gilt. Die Raseteurs sind weiß gekleidete junge Männer, die teilweise akrobatische Höchstleistungen vollbringen, indem sie auf der Flucht vor dem wütenden Stier über die Bretterwand der Arena springen (Termine für die Region unter ffcc.info).

AUSFLUG

RHÔNE-RADWEG NACH ARLES

Von Beaucaire aus ist ein sehr schöner Streckenabschnitt des Rhône-Radwegs empfehlenswert. Die leichte Radtour gen Süden verläuft auf überwiegend befestigten Wegen teils auf dem Damm oder auf kleinen Straßen und vorbei an Gemüsefeldern und Obstgärten. Kurz vor dem Ziel, der geschichtsträchtigen Stadt Arles, teilt sich der große Fluss und die Petit Rhône wird auf einer alten Steinbrücke überquert. Der mit »Centre Ville« beschilderte Weg ist nun separiert, verläuft am Rhône-Kai entlang und nach 17 Kilometern steht man vor den Zeitzeugen einer großen römischen Vergangenheit.

AUF RÖMISCHEN SPUREN

Beaucaire – D81a – D970 – D570 – 19 km – Arles

Arles sollte man wirklich besucht haben und wer mit dem Wohnmobil anreist, findet mit Glück an der Pont aux Lions eine Parkmöglichkeit (43.683820, 4.630273), einen recht zentral gelegenen Campingplatz gibt es allerdings auch. Über die Rhône-Promenade ist die Altstadt, die seit 1981 komplett zum UNESCO-Weltkulturerbe zählt, bald erreicht und nur wenige Schritte weiter steht der Besucher vor dem beeindruckenden **Amphitheater**. Das riesige, bestens erhaltene Bauwerk stammt aus dem

Blick von der Arena über Arles

Arles
D35a
D570 38 km
Saintes-Maries-de-la-Mer

1. Jahrhundert und ist auch heute noch ein beliebter Veranstaltungsort. Die beeindruckende Arena ist 136 Meter lang und 107 Meter breit, sie besitzt 60 Rundbogenarkaden und die auf zwei Etagen gebauten Zuschauerränge boten einst 24 000 Besuchern Platz.
Der Eintritt beinhaltet auch die Besichtigung des nahe gelegenen **römischen Theaters**, erbaut im 1. Jahrhundert vor Christi Geburt und noch heute genutzt. Unzählige Funde der glorreichen römischen Vergangenheit kann der Besucher im **Musée Départemental Arles Antique** bestaunen, das neben den Ausgrabungen des antiken Zirkus zu finden ist. Sage und schreibe 100 unter Denkmalschutz stehende Bauwerke sind in Arles zu bewundern, ein absolutes Muss ist die **Place de la République**. Die Mitte des Platzes ziert ein Obelisk, der einst den römischen Zirkus schmückte, hier befindet sich das Hôtel de Ville, dessen Halle einen Blick wert ist, und hier stehen auch die gotische Kirche **Sainte-Anne** und die romanische **Cathédrale Saint-Trophime**. Ihr Portal ist ein Meisterstück, dem der Besucher ein wenig Zeit widmen sollte.
Die Altstadt von Arles ist überschaubar und so ist auch der **Boulevard des Lices** nicht weit, wo sich das Office de Tourisme befindet und jeden Mittwoch und Samstag ein farbenfroher Wochenmarkt abgehalten wird. Probieren Sie hier doch mal Gardianne de Taureau, ein Schmorgericht aus dem Fleisch der schwarzen Camargue-Stiere.

↑ In der riesigen Arena von Arles
↓ Im römischen Theater in Arles

Tipp

CHEZ MAM GOZ

Gemütlich sitzt man auf der Terrasse der Crêperie Mam Goz zwischen Arena und römischem Theater. Das kleine Lokal bietet eine fantastische Auswahl an süßen Crêpes. Auch Galette, die deftige Version aus Buchweizenmehl bretonischen Ursprungs, wird in zahlreichen Geschmacksrichtungen serviert (Rue Porte de Laure 18, Tel. +33 4 90995765).

Die beeindruckende Arena von Arles ist bestens erhalten und kann besichtigt werden.

LEBENSRAUM CAMARGUE

Arles gilt als europäische Reis-Hauptstadt, denn das Einzugsgebiet umfasst auch die Sumpfregion der Camargue, die von unzähligen Bewässerungsgräben durchzogen ist. Heute wird im gewaltigen Delta der Rhône größtenteils Reis angebaut, hier ist aber auch die Heimat der schwarzen Camargue-Stiere und der rosa Flamingos. Der **Parc naturel régional de Camargue** erstreckt sich auf 86 000 Hektar zwischen Le Grand Rhône und Le Petit Rhône, an deren Delta sich die sogenannte Petite Camargue anschließt. Schon die Römer bauten hier Salz ab, im 16. und 17. Jahrhundert dann wurden die ersten Deiche gebaut, um das Land nutzbarer zu machen. Im 19. Jahrhundert errichtete man den 40 Kilometer langen Deich Digue à la Mer, um beide Mündungsarme miteinander zu verbinden. Doch der regelmäßige Austausch von salzigem Meereswasser und dem Süßwasser der Rhône wurde so gestoppt und das einstige Schwemmland begann zu vertrocknen. Die Lösung fand man im Anbau von Reis, wofür ein künstliches Bewässerungsnetz geschaffen werden musste, das noch heute Wasser aus der Rhône entnimmt. Der Erfolg war so groß, dass die Camargue bald Europas Hauptanbaugebiet wurde. Das gebrauchte Wasser fließt seitdem teilweise in die Rhône-Arme zurück oder wird in die Étangs geleitet. Nach wie vor gibt es 10 000 Hektar Salzwiesen, die durch Kanäle mit Meerwasser versorgt werden.

Etwa zehn Kilometer von Arles entfernt kommen wir auf der D570 am **Musée de la Camargue** vorbei, das auf der ehemaligen Schaffarm Mas de Rousty eingerichtet wurde. Hier wird dem Besucher die zentrale

↑ Aussichtsterrasse der Église Notre-Dame

↓ Ehre für den Camargue-Stier

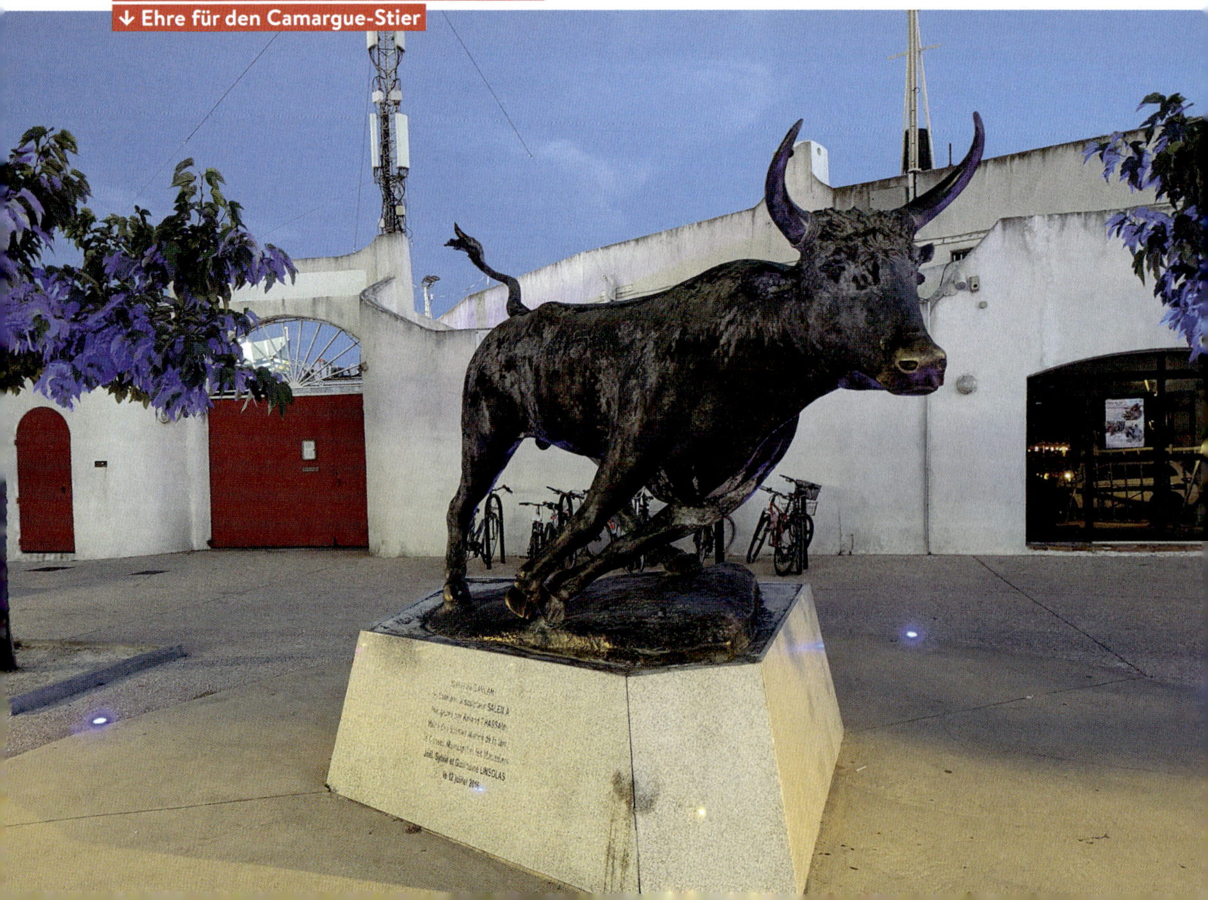

Bedeutung der Rhône deutlich gemacht und gezeigt, welche Folgen Überschwemmungen oder Versalzungen für dieses Feuchtgebiet haben. Entlang des Rousty-Kanals verläuft ein drei Kilometer langer Naturlehrpfad hin zu den verschiedenen Teilen des Deltas – ein wirklich erlebenswertes Museum.
Die D570 führt auch an einigen Manades vorbei, den weitläufigen Farmen der Stierzüchter. Und immer wieder begegnet dem Reisenden der Hinweis auf ein Mas. Diese bieten eine Art Ferien auf dem Bauernhof an und vor ihren Toren warten oft bereits gesattelte weiße Camargue-Pferde, auf deren Rücken man unter der Führung eines Cowboys, hier Gardian genannt, einen gemütlichen Ausritt durch den Naturpark erleben kann.

ENDLICH AM MEER

Saintes-Maries-de-la-Mer lag im 17. Jahrhundert noch zwei Kilometer vom Meer entfernt, heutzutage grenzt der Badeort direkt ans Mittelmeer. Schuld ist auch hier der Bau der Digue à la Mer, denn von der Rhône können aufgrund des Deiches kein Sand, Schlick und Schlamm mehr ins Meer gelangen. Wind und Wellen jedoch tragen stetig Land ab – ein Beweis mehr, dass der Eingriff des Menschen in die Natur selten wirklich positiv ist! Nun versucht man verzweifelt, die Dünen zu schützen, weshalb sie mit Gräsern und flachen Wacholdersträuchern bepflanzt oder mit unzähligen Holzpfählen, sogenannten Ganivelles, befestigt werden.
Für den radelnden Urlauber ist die Digue à la Mer ein Paradies: rechts weitläufige Strände und das Meer, links Seen und immer wieder der bezaubernde Anblick der rosa Flamingos. Nach zwölf Kilometern gibt es am Leuchtturm von **Gacholle** eine nette Einkehrmöglichkeit, die komplette Umrundung der Seen Étang de Monro und Étang de Vaccarès beträgt 76 Kilometer.

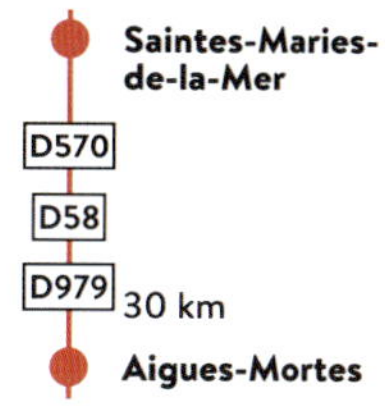

Saintes-Maries-de-la-Mer selbst ist ein netter Badeort mit einem kleinen Hafen und einer Fußgängerzone mit vielen Boutiquen sowie unzähligen Cafés und Restaurants. Um den Ort herum erstrecken sich kilometerlange, feinste Sandstrände, es gibt gleich drei offizielle Wohnmobilstellplätze und einen fast ganzjährig geöffneten Campingplatz. Das Ferienparadies gilt auch als wichtigster Wallfahrtsort der Sinti und Roma. Zweimal im Jahr, Ende Mai und um den 22. Oktober herum, treffen sich hier Tausende des fahrenden Volkes, um in der Église Notre-Dame-de-la-Mer die Heilige Sara zu ehren. Sie war die Dienerin von Maria Magdalena und in der Krypta der Kirche steht ihre Statue, umringt von unzähligen Kerzen.
Unbedingt sollte man sich auch den Aufstieg auf die Aussichtsterrasse der Kirche gönnen, von der ein grandioses Panorama in die weite Umgebung gegeben ist. Saintes-Maries-de-la-Mer besitzt natürlich eine kleine Arena, die Termine der Stierkämpfe Courses camarguaises erfährt man unter ffcc.info oder im Touristenbüro. Eine kostenlose

Ausritt durch die Camargue

SPECIAL

ABRIVADOS UND BANDIDOS

Bei Dorffesten oder anlässlich größerer Ferias werden mittels der gut geschulten weißen Camargue-Pferde einige schwarze Camargue-Stiere durch die Straßen getrieben. Abrivado bezeichnet den Weg von der Weide zur Arena, Bandido den Rückweg. Jedes Jahr Anfang November findet in Saintes-Maries-de-la-Mer ein großes Abrivado-Beach-Festival statt, bei dem zum Teil 1000 Pferde und 200 Gardians ihre Geschicklichkeit zeigen. Die Strecke führt sechs Kilometer die Digue und die Plage-Est entlang bis zur Arena.

Parkmöglichkeit für Wohnmobile besteht in der Avenue du Dr. Cambon (43.454332, 4.433414).

LA PETITE CAMARGUE

Der von der Petit Rhône im Osten und dem Canal du Rhône à Sète im Westen begrenzte Landstrich wird Petite Camargue genannt. Es handelt sich um eine ausgedehnte Schwemmlandebene mit großen Étangs und einem gewaltigen Dünenband entlang der Küste. **Aigues-Mortes**, übersetzt »Totes Wasser«, ist hier unser nächstes Ziel und ein absolutes Highlight. Das mittelalterliche Städtchen wurde im 13. Jahrhundert von Ludwig IX. geplant und auf dem Reißbrett entworfen, denn Ludwig der Heilige, wie er auch hieß, brauchte einen Hafen als Ausgangspunkt für seine Kreuzfahrtschiffe. Ihm ist jedes Jahr Ende August auch die Fête de Louis IX. gewidmet, bei dem der Aufbruch der Kreuzfahrer mit historischen Paraden, einem Pferdeturnier und einem Mittelaltermarkt nachempfunden wird.

Das Mittelalterfest »Fête de Louis IX.« ist ein Erlebnis der ganz besonderen Art.

Eine gewaltige Mauer führt einmal um den Stadtkern von Aigues-Mortes herum.

Aigues-Mortes
D979 6 km
Le Grau-du-Roi

Der Altstadtkern von Aigues-Mortes ist vollständig von einer **begehbaren Stadtmauer** umgeben, der Aufgang für den zwei Kilometer langen Rundgang erfolgt durch das ehemalige Château. Der Besuch führt zuerst durch ein informatives Museum und die **Tour de Constance**. Der Wehrturm war 38 Jahre lang das Gefängnis von Marie Durand, die sich nach den Glaubenskriegen standhaft geweigert hatte, dem Protestantismus abzuschwören. Die elf Meter hohe Festungsmauer ist mit zahlreichen Zinnen, Türmen und Toren versehen und verspricht einen tollen Blick über die Altstadt. Gen Süden entdeckt man die gigantischen Salins d'Aigues-Mortes und in Richtung Norden den einstigen Zugang zur Stadt, die **Tour Carbonnière**. Der Wachturm kann bestiegen werden. Entlang des Kanals verläuft eine schöne Radstrecke, die Aigues-Mortes mit dem Meer verbindet, wo nach sieben Kilometern ein lebendiges Städtchen einen Besuch wert ist.

Le Grau-du-Roi heißt die südlichste Gemeinde des Département Gard und der dortige strandnahe Pass'Étapes-Stellplatz ist so angenehm, dass der ein oder andere sicherlich gern einige Tage bleiben wird. Der Ausdruck »Grau« bezeichnet eine natürliche Kanalmündung, die hier mitten durch den historischen Fischerort verläuft. Vorbei an Cafés und Restaurants führt dieser Kanal vom Meer in ein großes Hafenbecken, wo die zweitgrößte Fischereiflotte des Languedoc zu Hause ist.

Im Kanal fällt der Blick auf einige kleine bunte Boote, auf denen lange Holzstecken liegen. Mit ihnen werden die spektakulären Bootsduelle **Joutes Languedociennes** ausgefochten, bei denen sich die Gegner mittels der langen Stecken gegenseitig von den

Für die Duelle Joutes Languedociennes gibt es diese speziellen Boote.

Booten stoßen. Bei einem gemütlichen Bummel ist in Le Grau-du-Roi viel zu entdecken und zu erleben: Wie wäre es zum Beispiel mal mit einer natürlichen Fisch-Spa-Pediküre? Aber natürlich gibt es auch eine Arena, in der regelmäßig Courses camarguaises in verschiedenen Schwierigkeitsgraden stattfinden. Zur Gemeinde Le Grau-du-Roi gehört auch einer der größten Jachthäfen der Welt: **Port Camargue**, wo an insgesamt zehn Kilometern Quai bis zu 5000 Schiffe anlegen können. Nicht weit entfernt beginnt am alten Leuchtturm **Ancien Feu** ein Naturschutzgebiet, das als »Grand Site de France« klassifiziert ist. Die feine **Plage de l'Espiguette** hier ist zehn Kilometer lang, 700 Meter breit, von einem gewaltigen Dünengürtel umgeben und völlig naturbelassen.

Am Kanal von Le Grau-du-Roi

PRAKTISCHE HINWEISE

TOURISTINFORMATIONEN

Office de Tourisme Avignon
41 Cours Jean Jaurès,
84000 Avignon,
Tel. +33 4 32743274,
avignon-tourisme.com
Der Citypass »Avignon Passion« gilt auch für die Schwesterstadt Villeneuve-lès-Avignon.

Office de Tourisme Villeneuve
Place Charles David,
30400 Villeneuve-lès-Avignon,
Tel. +33 4 90037060,
villeneuvelesavignon.fr

Office de Tourisme Beaucaire
8 Rue Victor Hugo,
30300 Beaucaire,
Tel. +33 4 66591006,
beaucaire.fr
Das Fremdenverkehrsbüro informiert auch über Course camarguaise Termine in der Region.

Office de Tourisme Arles
9 Boulevard des Lices,
13200 Arles,
Tel. +33 4 90184120,
arlestourisme.com

Office de Tourise Saintes-Maries
5 Avenue van Gogh,
13460 Saintes-Maries-de-la-Mer, Tel. +33 4 90978255,
saintesmaries.com

Office de Tourisme Aigues-Mortes
Place Saint Louis,
30220 Aigues-Mortes,
Tel. +33 4 66537300,
ot-aiguesmortes.com

Office de Tourisme Le Grau-du-Roi
Villa Parry/Rive Droite,
Rue du Sémaphore,
30240 Le Grau-du-Roi,
Tel. +33 4 66516770,
letsgrau.com

MUSEEN/AUSFLÜGE/ ATTRAKTIONEN

Palais des Papes
Place du Palais,
84000 Avignon,
Tel. +33 4 32743274,
palais-des-papes.com
Der Palast ist das ganze Jahr über täglich geöffnet, der Audioguide ist inklusive.

Tour Philippe-le-Bel
Rue Montée de la Tour,
30400 Villeneuve-lès-Avignon, Tel. +33 4 32700857,
avignon-tourisme.com
Der Turm ist jeden Montag und den kompletten Januar geschlossen.

Fort Saint-André
Rue Montée du Fort,
30400 Villeneuve-lès-Avignon,
Tel. +33 4 90254535,
fort-saint-andre.fr
Es wird ein Kombiticket mit den Jardins de l'Abbaye angeboten.

Musée Départemental Arles antique
Presqu'île du Cirque Romain,
13200 Arles,
Tel. +33 4 13315103,
arlesantique.fr

Musée de la Camargue
Pont de Rousty, 13200 Arles,
Tel. +33 4 90971082,
museedelacamargue.com
GPS: 43.623443, 4.527010
Hier ist die Verwaltung des Naturparks ansässig, das Museum ist ganzjährig geöffnet.

Tours et Remparts d'Aigues-Mortes
Place Anatole France,
30220 Aigues-Mortes,
Tel. +33 4 66536155,
aigues-mortes-monument.fr
Château und Stadtmauer können das ganze Jahr besichtigt werden.

CAMPING- UND STELLPLÄTZE

C 500 **Aire de Camping-Cars Villedieu** (S. 185 F5)
Camping Bagatelle
25 Allée Antoine Pinay,

Camping Tartarin in Tarascon

Aire de Camping-Car Le Grau-du-Roi

84000 Avignon,
Tel. +33 4 90863039,
campingbagatelle.com
GPS: 43.952263, 4.799271
Der 3-Sterne-Campingplatz befindet sich auf der Île Barthelasse unweit der Brücke in die Altstadt. Der schattige Platz liegt direkt an der Rhône und bietet einen schönen Blick auf den Papst-Palast. Es gibt eine Snackbar und einen Minimarkt mit Brötchenservice. Ganzjährig geöffnet.

S 501 Aire de Camping-Car Avignon (S. 185 F5)
10 Chemin de la Barthelasse,
84000 Avignon
GPS: 43.955626, 4.799213
Der gebührenpflichtige Stellplatz liegt auf der Île Barthelasse direkt an der Durchgangsstraße, Ver- und Entsorgung sowie Strom sind vorhanden. Die Altstadt ist fußläufig erreichbar. Der Platz wird vom nahen 4-Sterne-Camping du Pont d'Avignon betreut. Anfang März bis Mitte November geöffnet.

S 502 Aire de Camping-Car Beaucaire (S. 181 E1)
Quai de la Paix,
30300 Beaucaire,
i-campingcar.fr
GPS: 43.806205, 4.637338
Der kostenlose Stellplatz liegt direkt an der D15 bzw. D999 mit Blick auf das Hafenbecken. Ver- und Entsorgung sowie Strom sind kostenpflichtig, die Münzen sind im Touristenbüro erhältlich. Ganzjährig geöffnet.

C 503 Camping Tartarin
(S. 181 E1)
1 Route de Vallebrègues,
13150 Tarascon,
Tel. +33 4 90910146,
campingtartarin.fr
GPS: 43.807737, 4.655352
Der Campingplatz liegt in unmittelbarer Nähe des Châteaus am Ufer der Rhône. Es gibt einen Pool sowie Bar und Restaurant. Das Zentrum und auch Beaucaire sind fußläufig erreichbar. Der Rhône-Radweg verläuft auf der dortigen Seite des Flusses. Anfang März bis Anfang November geöffnet.

C 504 Camping City
(S. 181 E2)
67 Route de Crau, 13200 Arles, Tel. +33 4 90930886,
camping-city.com
GPS: 43.669923, 4.644601
Der 3-Sterne-Campingplatz liegt recht zentral und besitzt ein Schwimmbad, eine Snackbar, Fahrradverleih sowie Bouleplatz und Billardraum. Die Altstadt ist fußläufig erreichbar. Ende März bis Ende September geöffnet.

S 505 Aire de Camping-Car Espace Georges Pompidou
(S. 180 D3)
36 Avenue d'Arles, 13460
Saintes-Maries-de-la-Mer
GPS: 43.455696, 4.427589
Der gemeindeeigene Stellplatz für 80 Mobile liegt zu Ortsbeginn auf einem Parkplatz. Ver- und Entsorgung sind vorhanden, kein Strom, Bezahlung beim Platzwart. Ganzjährig geöffnet.

C 506 Camping de la Brise
(S. 180 D3)
Rue Marcel Carrière,
13460 Saintes-Maries-de-la-

Mer, Tel. +33 4 90978467, camping-labrise.fr
GPS: 43.455834, 4.436076
Der Campingplatz liegt am Ortsrand, direkt am Meer und zu Beginn des Radwegs über die Digue à la Mer. Wasserpark, Snackbar und Minimarkt sind vorhanden. Ganzjährig außer je vier Wochen im November und Januar geöffnet.

S 507 **Aire de Camping-Car Plage Ouest** (S. 180 D3)
Chemin du Clos du Rhône, 13460 Saintes-Maries-de-la-Mer
GPS: 43.449778, 4.406053
Der große Stellplatz für 70 Mobile liegt auf einem Schotterplatz westlich des Ortes in unmittelbarer Strandnähe. Ver- und Entsorgung sind vorhanden, jedoch kein Strom, Bezahlung ist beim Platzwart. Das Zentrum ist 2 km entfernt. Ganzjährig geöffnet.

S 508 **Aire de Camping-Car Aigues-Mortes** (S. 180 C3)
49 Boulevard Diderot, 30220 Aigues-Mortes
GPS: 43.565203, 4.196677
Der gebührenpflichtige Stellplatz ist Teil eines Parkplatzes und liegt direkt an der Stadtmauer, die Altstadt ist in unmittelbarer Nähe. Ver- und Entsorgung sind vorhanden, kein Strom, maximal eine Nacht. Ganzjährig geöffnet.

S 509 **Aire de Camping-Car Les Poissons d'Argent** (S. 180 C3)
D62, 30220 Aigues-Mortes, Tel. +33 6 77923260, les-poissons-dargent.com
GPS: 43.563116, 4.164431
Der private Stellplatz für 80 Mobile liegt am Étang de la Marette und ist 2,5 km von der Altstadt entfernt. Ver- und Entsorgung sowie Strom vorhanden, Brötchenservice, gutes Restaurant anbei, die Stellplatzgebühr berechtigt auch zum Angeln. Ganzjährig geöffnet.

C 510 **Camping-Car Park Le Grau-du-Roi** (S. 180 C3)
Rue des Glaïeuls, 30240 Le Grau-du-Roi, Tel. +33 1 83646921, campingcarpark.com
GPS: 43.542454, 4.132050
Der vorbildliche Stellplatz von Pass'Étapes liegt in einem Wohngebiet an der begrünten Friedhofsmauer. Ver- und Entsorgung sowie Strom und WC vorhanden, WLAN inklusive. Großes Einkaufszentrum sowie Strand in unmittelbarer Nähe, das Zentrum mit Hafen ist fußläufig erreichbar. Bushaltestelle z. B. nach Aigues-Mortes am Platz. Ganzjährig geöffnet.

C 511 **Camping Bon Séjour** (S. 180 C3)
1730 Route de l'Espiguette, 30240 Le Grau-du-Roi, Tel. +33 4 66514711, camping-bonsejour.fr
GPS: 43.511655, 4.145813
Der schlichte Campingplatz liegt mit schönem Blick direkt am Kanal, von dem ein Fahrradweg zu dem gigantischen Sandstrand von Espiguette führt. Bar und Restaurant im Eingangsbereich, Port Camargue ist fußläufig erreichbar. Anfang April bis Ende September geöffnet.

Camping de la Brise

Aire de Camping-Car Plage Ouest

In Palavas-les-Flots kommt man per Sessellift von einer Flussseite auf die andere.

6

SONNE, STRAND UND SEHENSWÜRDIGKEITEN VOM FEINSTEN

Im südfranzösischen Paradies für passionierte Radler und Wanderfreunde

Das Département Hérault hat eine 87 Kilometer lange Küstenlinie mit Sandstränden, die ihresgleichen suchen. Riesige Lagunenseen prägen das Landschaftsbild und im Hinterland begeistern so sehenswerte Städte wie Montpellier und Narbonne. Die Étangs sind auch die Heimat von südfranzösischen Austernzüchtern, deren Delikatesse in vielen Meeresfrüchte-Restaurants angeboten wird – bon appétit!

Palavas-les-Flots ist der perfekte Ausgangspunkt, um einige schöne Tage am herrlichen Strand zu verbringen und die interessante Umgebung zu erkunden. Der Urlaubsort ist durch den Fluss Lez zweigeteilt, an dessen Promenade sich ein Lokal an das andere reiht. Auch ansonsten weiß man das Urlauberherz zu beglücken: Es gibt einen Vergnügungspark, ein Casino, einen großen Jachthafen und diverse Wassersport-Anbieter. Einen grandiosen Blick auf Städtchen, Hafen und Strand bietet mitten im Ort die beliebte Flussüberquerung per Seilbahn, eine Touristenattraktion, die es wahrlich am Meer sonst nirgends gibt.

Cathédrale de Maguelone

MIT DEM DRAHTESEL ON TOUR

Besonders reizvoll sind die diversen Entdeckungstouren per Rad, sodass der Wohnmobilist sich im Ort unbedingt mal einen Drahtesel ausleihen sollte. Der Stellplatz an der Marina liegt ideal, um in sämtliche Himmelsrichtungen zu radeln. Gen Osten geht es an einigen Campingplätzen vorbei immer am Strand entlang bis nach **Carnon-Plage** und je nach Lust und Laune auch weiter oder um den **Étang du Méjean** herum. In Richtung Westen führt eine ausgesprochen schöne Strecke die Landzunge entlang, bis nach fünf Kilometern die **Cathédrale de Maguelone** erreicht ist, wo ein kultureller und kulinarischer Zwischenstopp lohnt.

Wer kein Freund von Fahrradtouren oder großen Wanderungen ist, dem sei die Fahrt mit dem Bimmelbähnchen Petit Train du Pilou ans Herz gelegt. Der Touristenzug fährt im Sommer zwischen der Kathedrale und dem Ortsbeginn von Palavas-les-Flots hin und her, Abfahrt am Parking Prevost (43.517322, 3.904887).

Die festungsartige, romanische Kathedrale liegt umgeben von Weinfeldern auf einer Laguneninsel. In ihrem Inneren sind heute nur noch die Grabplatten der hiesigen Bischöfe zu sehen, die Atmosphäre ist allerdings überaus beeindruckend. Von den farbigen Fenstern über der Domherrenempore wird die Kirche in geradezu mystisches Licht getaucht, während außerhalb der Blick über unzählige Weinreben und den weitläufigen

ROUTE 6

START- UND ENDPUNKT
Palavas-les-Flots und Leucate

STRECKENLÄNGE
ca. 250 km

FAHRZEIT
5 bis 6 Tage

BESTE JAHRESZEIT
April bis Oktober

Start Palavas-les-Flots
D986 7 km
Villeneuve-lès-Maguelone

Lagunensee Étang de l'Arnel bezaubert. Die Cathédrale de Maguelone ist mittels einer Fußgängerbrücke mit dem namensgebenden Ort verbunden. Auch von dem hier neu angelegten Stellplatz, der etwas außerhalb direkt neben der Arena liegt, ist die Kircheninsel bestens mit einer kleinen Wanderung oder Radtour zu erreichen.

Villeneuve-lès-Maguelone ist ein paar Tage Aufenthalt wert, denn von hier führt darüber hinaus ein separierter Fahrradweg in eine der besuchenswertesten Städte der Region. Die Strecke vereint sich nach Überquerung der Lez mit dem Radweg, der gegenüber vom Stellplatz an der Marina in Palavas-les-Flots beginnt. Auf bestens aus-

gebauten Wegen fährt der Biker immer am Fluss entlang, an Pferdegestüten vorbei, bis nach etwa zehn Kilometern rechter Hand einige rustikale Holzbuden auftauchen. Hier verlockt alles zu einem Päuschen, denn das ausgefallene Marktquartier mit diversen Streetfood-Ständen ist wirklich sehenswert (marchedulez.com).

PRUNKVOLLES MONTPELLIER

Montpellier versetzt den Radler vom ersten Augenblick an in Staunen. Auf dem Weg in die Innenstadt sind entlang der Flusspromenade einige neue Appartementhäuser mit fantastisch gestalteten Fassaden zu bewundern. Zu ihnen gehört auch das ausgefallene weiße und 50 Meter hohe Gebäude **L'Arbre Blanc**, das in der 17. Etage eine Panoramabar besitzt. Die 280 000-Einwohner-Stadt boomt, das merkt der Besucher auf Schritt und Tritt. In einer der ältesten Universitäten Europas sind 70 000 Studenten eingeschrieben, die die altehrwürdige Stadt äußerst lebendig machen. Man trifft sich auf der **Place de la Comédie** mit dem Brunnen Fontaine des Trois Grâces, der Oper, prunkvollen Palästen und

Tipp

LE PETIT TROC

Das ausgesprochen urig eingerichtete Restaurant hat einen netten Außenbereich direkt auf der Place de l'Église neben der Kirche Saint-Étienne. Hier kann man auch kleine Geschenke aus Ton oder Seifen und Marmeladen kaufen. Die Speisekarte ist sehr vielseitig, für den kleinen Hunger zwischendurch gibt es eine große Auswahl an Tapas (34750 Villeneuve-lès-Maguelone, Tel. +33 4 67278813).

↑ Aqueduc de Saint-Clément
↓ Château d'Eau in Montpellier

Villeneuve-lès-Maguelone
D185
D986
14 km
Montpellier

dem Office de Tourisme. Der kleine kostenlose Stadtplan ist recht hilfreich, denn die Hauptsehenswürdigkeiten von Montpellier liegen etwas versteckt.

Unbedingt sollte der Besucher zum Arc de Triomphe und zu der Reiterstatue von Ludwig XIV. spazieren, die seit 1691 vor dem **Château d'Eau** stehen. Hinter dem ehemaligen Wasserturm im Stil eines korinthischen Tempels fällt der Blick auf das imposante zweistöckige **Aqueduc de Saint-Clément**, das 880 Meter lang und 22 Meter hoch ist. Das Panorama hier von der Promenade du Peyrou, auf der jeden Sonntag ein Flohmarkt stattfindet, reicht bis zum Meer.

Ganz in der Nähe ist noch die **Cathédrale Saint-Pierre** einen Besuch wert, deren

Die Cathédrale Saint-Pierre in Montpellier ist eine kulturhistorische Sehenswürdigkeit.

imposantes Kirchenschiff beeindruckende 95 Meter lang und 27 Meter hoch ist. Nebenan befindet sich im ehemaligen Bischofspalast die sehenswerte Eingangshalle zur 1220 gegründeten medizinischen Fakultät, in der unter anderem ein ganz besonderes Museum, das **Conservatoire d'Anatomie**, untergebracht ist. Wie in jeder anderen Großstadt ist das Parkangebot für Wohnmobile auch in Montpellier äußerst rar, eine Möglichkeit besteht beim Parking Joffre in der Rue d'Argencourt (43.613144, 3.886052).

RUND UM DEN ÉTANG DE THAU

Sète ist nach Marseille der wichtigste Fischereihafen am Mittelmeer und so reihen sich am Canal Royal unzählige Fischrestaurants aneinander. Wer die Wohnmobilküche bevorzugt, dem bieten die Markthallen in der Rue Gambetta täglich eine tolle Frischfisch-Auswahl an. Mittwochs findet darüber hinaus ein großer Wochenmarkt statt, auf dem unter anderem leckere Paella angeboten wird.

Ganz in der Nähe beginnen die **Escaliers du Mont Saint-Clair** und nach Bewältigung der 400 Stufen steht man endlich auf dem Hausberg und genießt das grandiose Panorama. Der Stadtspaziergang führt nun zum berühmten Meeresfriedhof **Cimetière Marin** und bald darauf ist man im großen Port de Plaisance angekommen. Hier wartet die nächste Herausforderung: der Leuchtturm **Phare Saint-Louis**, der über 126 Stufen bestiegen werden kann.

Sète und Marseillan-Plage an westlichsten Teil des Étang de Thau sind über den **Radweg Voie Vert** miteinander verbunden.
Auf der Landzunge, die von einem feinen Sandstrand gesäumt ist, ist nach sieben Kilometern der Stellplatz von Sète erreicht. Wer den Ort direkt anfahren möchte, findet mit Glück eine Parkmöglichkeit am Quai Aspirant Herber (43.398798, 3.697878).
Balaruc-les-Bains liegt auf einer Halbinsel im Osten des Étang de Thau und ist ein bedeutender Kurort für Rheumakranke. Die heißen Quellen sind schon seit der Antike bekannt, heute werden in diversen Becken unterschiedliche Kuren angeboten. Nicht weit von der Therme entfernt steht ein gemeindeeigener Stellplatz zur Verfügung, der auch in der kalten Jahreszeit geöffnet ist. Sowohl von hier wie auch von unserem nächsten Ziel im Norden des Sees besteht eine regelmäßige Bootsverbindung nach Sète.
Am zwölf Kilometer langen Étang de Thau ist **Mèze** der älteste Ort. Es gibt eine schöne Promenade zum kleinen Strandbad und einen ansprechenden Campingplatz mit direktem Seezugang.
Wir befinden uns hier im größten Austern- und Muschelzuchtgebiet von Südfrankreich. Zehn Prozent aller französischen Austern, die hiesige trägt den Namen Bouzigues, stammen aus dem Étang de Thau. Direkt an der Route de Montpellier D613 stehen rechts und links der Durchgangsstraße mehrere Austern- und Fischstände, an denen es sich lohnt einzukaufen.
Sehr empfehlenswert ist die Einkehr in der Austernzucht **La Noisette d'Oc**. Das Restaurant mit einer schönen Panoramaterrasse ist dienstags bis samstags von Anfang April bis Ende Oktober am Mittag geöffnet. Zwischen 18 und 20 Uhr werden die Austern nur zum Verzehr im eigenen Wohnmobil verkauft, auf dem Parkplatz darf dann auch übernachtet werden (Le Mourre Blanc, 34140 Mèze, Tel. +33 4 67437066, lanoisettedoc.com, 43.405201, 3.581032).

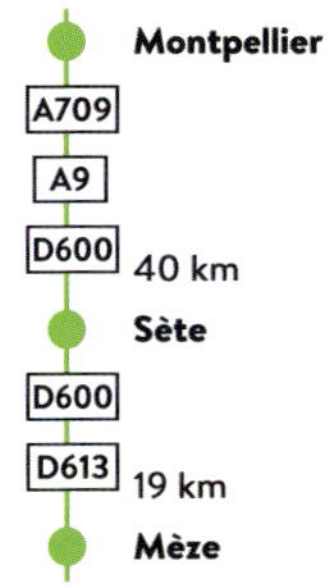

SPECIAL

THUNFISCHFANG IM MITTELMEER

In Europa lebt hauptsächlich der Rote Thun, auch Blauflossen-Thunfisch genannt. Der bis zu 4,50 Meter große Fisch kann 600 Kilogramm wiegen und 40 Jahre alt werden. Seit den 1990er-Jahren steht er auf der Roten Liste der vom Aussterben bedrohten Arten. Damit sich die Bestände wieder erholen können, beschloss die EU-Kommission 2010, dass der Thunfisch erst nach der Laichzeit und auch nur eine bestimmte Quote gefangen werden darf. Seitdem liegen mehrere riesige Trawler den größten Teil des Jahres im Canal Royale von Sète fest.

Blick über den Hafen von Sète

↑ Am Canal Royal in Sète

↓ In Mèze am Étang de Thau

MEISTERWERK CANAL DU MIDI

Paul Riquet, der Erbauer des Canal du Midi und wohlhabender Generalsteuerpächter unter Ludwig XIV., hatte die Vision, das Mittelmeer mit dem Atlantik zu verbinden. Der König unterstützte das Vorhaben, denn er versprach sich davon hohe Steuereinnahmen. Im 17. Jahrhundert gab es noch keine Eisenbahn und so baute man mit 12 000 Arbeitern innerhalb von nur 15 Jahren diesen 240 Kilometer langen Kanal. Am Étang de Thau beginnend, entstanden für die künstliche Wasserstraße 64 Schleusen, 120 Brücken, 55 Aquädukte und der erste Kanaltunnel der Welt. Um die Menschen und die Zugtiere zu schützen, wurde der Treidelpfad noch mit 50 000 Platanen bepflanzt. Die staatlichen Zuschüsse für das Megaprojekt reichten allerdings bei Weitem nicht aus, sodass Paul Riquet sein Privatvermögen investierte und schließlich hochverschuldet kurz vor Fertigstellung seines Traumes starb. Heute ist der **Canal du Midi** das Eldorado der Hausbootfahrer, die ihn bis Toulouse entlangfahren können, um von dort in einen Seitenkanal der Garonne einzubiegen und über die Gironde bei Bordeaux den Atlantik zu erreichen. Das Meisterwerk gehört seit 1996 zum UNESCO-Weltkulturerbe.

Béziers liegt am Canal du Midi und ist ein wirklich bezauberndes Städtchen. Der neue Stellplatz ist mustergültig, der Kanalhafen nicht weit entfernt und auch das Zentrum ist fußläufig erreichbar. Durch die idyllischen kopfsteingepflasterten Altstadtgassen zu bummeln, die üppig mit goldenen Fähnchen geschmückt sind und in denen leise Musik erklingt, ist ein wahres Vergnügen. Und überall laden kleine, individuelle Boutiquen in angenehmer Atmosphäre zum Stöbern ein. Flanieren Sie auch die platanengesäumte Prachtallee mit der Statue von Paul Riquet entlang und bestaunen Sie auf der Place Jean Jaurès unzählige riesige Kunstblumen, die sich im Winde wiegen. Ein besonderer Genuss sind hier fantastische Wasserspiele, die abends farblich beleuchtet und musikalisch begleitet werden. Lassen Sie sich einfach von dieser innovativen, wenn auch ältesten Stadt Frankreichs begeistern. Kompliment an die Stadtoberen, die den Besuch zu einem ganz besonderen Erlebnis machen.

Mèze
D5E10
D613
A75 42 km
Béziers

Bei der Stadterkundung sollte auch die Cathédrale Saint-Nazaire besichtigt werden. Die festungsähnliche Anlage steht auf einem Felsplateau hoch über dem Fluss Orb. Wer den Aufstieg nicht per pedes absolvieren möchte, steigt einfach in einen öffentlichen Aufzug (frz. *ascenseur*), der in die Oberstadt hinauffährt. Vom Kirchenvorplatz fällt der Blick hinunter zum Canal du Midi und zu der majestätischen Pont Vieux mit ihren 15 Bögen.

Statue von Paul Riquet in Béziers

Auf dem Weg zurück zum Meer sind wir an den modernen Ferienzentren Marseillan-Plage und Cap d'Agde vorbeigefahren. Den Anhängern der Freikörperkultur ist die Region sicherlich als Europas größtes FKK-Zentrum bekannt. Ein langer, feiner Sandstrand und ein Badeort mit diversen Campingplätzen folgt nun dem anderen. **Saint-Pierre-la-Mer** heißt unser nächstes Ziel. Der Ferienort gehört zur Gemeinde Fleury und liegt am Rand eines landschaftlich sehr schönen Naturschutzgebietes, in dem herrliche Wanderungen und Radtouren möglich sind. Der große Stellplatz am Étang de Pissevaches ist optimal für einen Strandspaziergang an der **Plage naturiste de Fleury**. An diesem riesigen naturbelassenen Strand haben so manche kreative Seelen aus Treibgut romantische Strandbuden gebaut und die Gärtchen rundum mit Muschelbildern geschmückt – ob dies wohl die Winterstürme überlebt? Der schier endlose FKK-Strand erstreckt sich bis Cabanes de Fleury an der Mündung der Aude, wo auch ein Stellplatz zur Verfügung steht.

↑ In der Altstadt von Béziers
↓ Cathédrale Saint-Nazaire in Béziers

IM PARC NATUREL NARBONNAISE EN MÉDITERRANÉE

Zum 80 000 Hektar großen Naturpark gehört neben unberührten Sandstränden und riesigen Lagunenseen auch das **Massif de la Clape**, das bei Fleury beginnt. Die wun-

AUSFLUG

PER RAD DEN CANAL ENTDECKEN

Die Radtour startet am Stellplatz und führt über den Kanalhafen und die 28 Meter lange Aquäduktbrücke Pont-Canal de l'Orb zunächst zur berühmten Schleusentreppe Les 9 Écluses de Fonseranes. Hier überwinden Boote auf einer Länge von 300 Metern beeindruckende 21,60 Höhenmeter und das hiesige Maison du Site informiert über die Geschichte des Canal du Midi. Weiter auf gut befahrbaren Wegen kommt der Radler zum netten Hafen von Colombiers, ideal für eine Rast, und nach insgesamt elf Kilometern schließlich ist besagter erster Kanaltunnel der Welt, der 173 Meter lange Tunnel du Malpas, erreicht.

Der Pont des Marchands überspannt in Narbonne den Canal de la Robine.

derschöne, leicht hügelige Gebirgskette ist eine typische Garrigue-Landschaft mit Strauchheidenformationen, flachen Kiefern und wildem Rosmarin. Insgesamt stehen im Naturpark 200 Kilometer Wanderwege zur Verfügung, die teilweise allerdings im Hochsommer wegen Brandgefahr gesperrt sind. Auf der Landseite durchfährt man auf der **Route des Vins** ein riesiges Weinanbaugebiet, bis nach wenigen Kilometern die namensgebende Stadt erreicht ist.

Narbonne ist wahrlich einen Stopp wert und am Quai Victor Hugo findet der Wohnmobilist sogar einen zentralen, kostenlosen Parkplatz vor (43.180160, 3.013110). Über eine idyllische Promenade entlang des Canal de la Robine ist bald die überschaubare Altstadt erreicht. Dort trifft der Besucher als Erstes auf die Markthallen **Les Halles** (narbonne.halles.fr), in denen jeden Vormittag ein grandioses Angebot regionaler Delikatessen sowie einige Degustationsstände auf Käufer warten. Hier am Cours Mirabeau findet am linken und rechten Kanalufer jeden Donnerstag darüber hinaus ein Wochenmarkt statt, der sonntags noch mit Kleidung und Kunsthandwerk erweitert ist. Nicht zu übersehen ist die antike, mit Häusern überbaute Händlerbrücke **Pont des Marchands**, auf der sich auch heute noch kleine Geschäfte befinden.

Béziers
D609
D14
D618
D1118
25 km
Saint-Pierre-la-Mer
D332
14 km
Gruissan Plage

An der **Passerelle des Barques** kann man just for fun mal ein Elektrobötchen mieten und den Canal de la Robine entlangschippern, aber natürlich gibt es auch eine kleine Tourismusbahn.

Narbonne war die erste römische Kolonie außerhalb Italiens sowie einstige Hauptstadt Galliens und kann somit auf eine über 2000-jährige Geschichte zurückblicken. Vor dem Hôtel de Ville ist ein Teil der römischen Via Domitia freigelegt, unzählige weitere Funde der glorreichen Vergangenheit sind im **Musée Narbo Via** ausgestellt. Der Eingang zur **Cathédrale Saint-Just** erfolgt durch

Im Bischofsgarten der Cathédrale Saint-Just

lebnis aber ist die Fahrradtour um den Étang de Gruissan auf die Île Saint-Martin. Schon von Weitem sieht man auf dem Rundkurs in der Sonne weiß leuchtende kleine Berge. Dies sind die Salzanhäufungen der hiesigen Saline, von der ganze Lkw-Ladungen abtransportiert werden und die mit einem Führer besichtigt werden kann. Wer Austern und andere Meeresfrüchte liebt, wird mit dem angeschlossenen rustikalen Panoramarestaurant sehr zufrieden sein und sich im Shop sicherlich ein Döschen Fleur de Sel gönnen (lesalindegruissan.fr, Parkplatz: 43.096794, 3.084660).

In Gruissan hat man ein Herz für Wohnmobilisten: Ganz zentral liegt der große Stellplatz Aire des Quatre Vents am Jachthafen und in unmittelbarer Strandnähe befindet sich der Stellplatz von **Gruissan-Plage**. Dieser Ortsteil nennt sich auch Les Châlets, denn schon Ende des vorletzten Jahrhunderts entstanden hier für die ersten

die Passage de l'Ancre, die einst Verbindung zwischen Palästen, Kreuzgang und Gotteshaus war. Wer das festungsähnliche Ensemble auf der rückwärtigen Seite verlässt, betritt direkt den bischöflichen Garten mit einer überdimensionalen Bank, die ein beliebter Selfie-Spot ist.

Das Zentrum von Narbonne ist 16 Kilometer vom Meer entfernt, sodass die Stadt auch gut mit dem Fahrrad zu erreichen ist. Immer entlang des Canal de la Robine entdeckt man so manches schicke Hausboot, staunt über die riesigen Reisfelder und erkundet die Schleuse Écluse de Mandirac.

BADEORTE GRUISSAN UND LEUCATE

Der Ferienort **Gruissan** ist über herrliche Radwege mit Narbonne verbunden, ein Er-

Tipp

ÉTANG DE BAGES-SIGEAN

Die schönste Strecke für die Weiterfahrt ist die gut ausgebaute D105 entlang der größten Lagune der gesamten Côte du Midi. Gleich zu Beginn ist das Winzer- und Künstlerdorf Bages, bekannt für den Aalfang, einen Stopp wert. Das Dorf thront auf einem Felsvorsprung mit der Wehrkirche Saint-Martin am höchsten Punkt (Parkmöglichkeit: 43.123683, 2.989029). Wer etwas Zeit hat, kann die idyllische Umgebung ausgiebig genießen. Im netten Peyriac-de-Mer laden Holzstege zu Spaziergängen über das Wasser ein, um Flamingos zu beobachten (Übernachtungsmöglichkeit: 43.092504, 2.962585).

Vom Tour Barberousse in Gruissan-Village hat man einen grandiosen Rundumblick.

Mittelmeerurlauber zahlreiche Stelzenhäuser aus Holz, sogenannte Pilotis. **Gruissan-Village** dagegen wurde bereits im Mittelalter gegründet und ist eines der schönsten Runddörfer des Languedoc. Schneckenförmig winden sich die engen, kopfsteingepflasterten Gassen zum alles überragenden Barbarossa-Turm hinauf, von dem natürlich ein grandioser Rundumblick geboten ist. Die **Tour Barberousse** kann auch über eine Treppe erklommen werden, die neben der Festungskirche Notre-Dame de l'Assomption beginnt. Ein Blick in das kleine Kirchlein lohnt, denn ihr Inneres ist wunderschön. Der kleine, beschauliche Ferienort **Leucate** wird vom Cap Leucate vor dem kalten Nordwind Tramontane geschützt. Der hiesige Stellplatz liegt direkt am feinen Sandstrand, an dessen anderen Ende eine Treppe zum gleichnamigen Leuchtturm hinaufführt. Wer noch weiterwandern will, folgt einfach dem Küstenwanderweg hoch auf den Klippen bis nach La Franqui. In Richtung Westen verläuft ein asphaltierter Radweg am Strand entlang bis zum Grau de Leucate. Dies ist eine natürliche Mündung, über die der Étang de Leucate mit Frischwasser versorgt wird. Der große Lagunensee ist nämlich nicht nur das Paradies der Surfer und Kiter, sondern auch ein großes Austernzuchtgebiet. **Centre Ostréicole** heißt der Hafen der Austernfischer und hier reiht sich eine Austern-Cabane an die andere. Sehr rustikal geht es zu, aber die Meeresfrüchteplatten sind ein Gedicht!

Gruissan Plage
D32
D31
D168
A9
D627 54 km
Leucate

Das Wasser ist viel zu nass!

PRAKTISCHE HINWEISE

TOURISTINFORMATIONEN

Office de Tourisme Palavas-les-Flots
Place de la Méditerranée,
34250 Palavas-les-Flots,
Tel. +33 4 67077334,
ot-palavaslesflots.com

Office de Tourisme Montpellier
Place de la Comédie,
34000 Montpellier,
Tel. +33 4 67606060,
montpellier-frankreich.de
Hier gibt es auch die City Card mit vielen Ermäßigungen.

Office de Tourisme Sète
60 Grande Rue Mario Roustan,
34200 Sète,
Tel. +33 4 86840404,
tourisme-sete.com

Office de Tourisme Béziers
Place du Forum,
34500 Béziers,
Tel. +33 4 99413636,
beziers-mediterranee.com

Office de Tourisme Narbonne
31 Rue Jean Jaurès,
11100 Narbonne,
Tel. +33 4 68651560,
cotedumidi.com
Hier ist auch der Pass Monumentale Narbonne erhältlich, mit dem diverse Sehenswürdigkeiten und Museen gratis beziehungsweise preisreduziert sind.

Office de Tourisme Gruissan
80 Boulevard Pech Maynaud,
11430 Gruissan,
Tel. +33 4 68481481,
gruissan-mediterranee.com

Office de Tourisme Balaruc-les-Bains
Pavillon Sévigné, Rue Romaine, 34540 Balaruc-les-Bains, Tel. +33 4 67468146,
balaruc-les-bains.com

MUSEEN/AUSFLÜGE/ATTRAKTIONEN

Conservatoire d'Anatomie
2 Rue de l'École de Médecine,
34000 Montpellier,
Tel. +33 4 34433600,
umontpellier.fr
Das Museum ist ein Horrorkabinett der Medizin und nur etwas für starke Nerven, Buchung der Führung über das Office de Tourisme.

Thermes de Balaruc-les-Bains
1 Rue du Mont Saint-Clair,
34540 Balaruc-les-Bains,
Tel. +33 4 67517601,
eaux-thermales-balaruc.com
Die Therme ist ganzjährig geöffnet.

Maison du Site
Neuf écluses de Fonseranes,
34500 Béziers,
Tel. +33 4 99413636,
beziers-in-mediterranee.com
Das Infozentrum ist ganzjährig geöffnet.

Musée Narbo Via
2 Avenue André Mècle,
11100 Narbonne,
Tel. +33 4 68902890,
narbovia.fr
Das Römermuseum befindet sich in einem modernen Prestigebau von Norman Foster in der Nähe des Stadions und ist ganzjährig geöffnet. Zu sehen ist eine riesige Anzahl antiker Funde.

STELL- UND CAMPINGPLÄTZE

S 600 **Aire de Camping-Car – Paul Riquet** (S. 180 D3)
Le Bassin de Plaisance,
34250 Palavas-les-Flots,
Tel. +33 4 67077345,
palavaslesflots.com
GPS: 43.531200, 3.923382
Der gebührenpflichtige Stellplatz für über 100 Mobile liegt in der Marina. Ver- und Entsorgung sowie Strom vorhan-

Aire de Camping-Car Paul Riquet

Camping Beau Rivage in Mèze

den, WC und Dusche gegen Gebühr, Bezahlung beim Platzwart, Zentrum und Strand fußläufig erreichbar, Bushaltestelle anbei. Ganzjährig geöffnet.

S 601 Aire de Camping-Car Villeneuve-lès-Maguelone (S. 180 B3)
Avenue René Poitevin, 34750 Villeneuve-lès-Maguelone, Tel. +33 4 67697575, aire-service-camping-car-panoramique.fr
GPS: 43.528872, 3.868839
Der neue Stellplatz für 40 Mobile liegt mit schönem Blick am Ortsrand, Arena nebenan, tolle Rad- und Wanderwege anbei, Étang de l'Arnel in der Nähe, Zentrum fußläufig erreichbar. Ver- und Entsorgung sowie Strom und WLAN sind vorhanden. Ganzjährig geöffnet.

S 602 Aire de Camping-Car Balaruc-les-Bains (S. 180 A3)
49 Route de Montpellier, 34540 Balaruc-les-Bains, campingcar-balaruc.com
GPS: 43.444822, 3.680803
Der gebührenpflichtige Stellplatz liegt auf einem ehemaligen Campingplatzgelände in der Nähe des Sees, des Zentrums und der Therme, Supermarkt gegenüber. Ver- und Entsorgung sowie Strom sind vorhanden, WC und Dusche inklusive, Zahlung per Parkscheinautomat. Ganzjährig geöffnet.

C 603 Camping Beau Rivage (S. 187 H4)
D613, 34140 Mèze, Tel. +33 4 66600700, camping-beaurivage.fr
GPS: 43.430119, 3.610722
Der 4-Sterne-Campingplatz liegt in unmittelbarer Seenähe mit einer netten Promenade. Es gibt eine schöne Wellnessanlage mit Whirl- und Indoorpool, eine Bar mit Snacks, die Stellplätze sind durch blühende Oleanderhecken parzelliert. Ganzjährig geöffnet.

S 604 Aire de Camping-Car Sète, P Les 3 Digues
(S. 187 H4)
Route d'Agde, 34200 Sète
GPS: 43.366601, 3.615677
Der gebührenpflichtige Stellplatz für 40 Mobile liegt auf einer schmalen Landzunge

Aire de Camping-Car Villeneuve-lès-Maguelone

direkt am Strand. Auf der anderen Straßenseite und jenseits der Bahnlinie ist der Étang de Thau, ein 7 km langer Radweg führt nach Sète, Bushaltestelle anbei. Parkscheinautomat, Ver- und Entsorgung sind vorhanden, jedoch kein Strom. Maximaler Aufenthalt drei Nächte. Ganzjährig geöffnet.

C 605 **Camping La Plage** (S. 187 G4)
69 Chemin du Payrollet, 34340 Marseillan-Plage, Tel. +33 4 67219254, laplage-camping.net
GPS: 43.309768, 3.545992
Der 3-Sterne-Campingplatz liegt direkt am feinen Sandstrand, in der ersten Reihe schöner Blick auf das Meer. Am Platz gibt es ein Restaurant, das Ortszentrum mit Geschäften ist fußläufig erreichbar. Mitte März bis Mitte Oktober geöffnet.

S 606 **Aire de Camping-Car de Sauclières** (S. 187 F4)
Avenue Fernand Sastre, 34500 Béziers, Tel. +33 4 67010376, airecampingcarbeziers.business.site
GPS: 43.331070, 3.226906
Der neue, gebührenpflichtige Stellplatz für 35 Mobile liegt am Ortsrand beim Sportplatz zwischen dem Fluss Orb und dem Canal du Midi, 10 Minuten zum Hafen und 20 Minuten Fußweg in die Altstadt. Ver- und Entsorgung sowie Strom sind vorhanden, Parkscheinautomat, videoüberwacht. Ganzjährig geöffnet.

S 607 **Aire de Camping-Car Les Cabanes de Fleury** (S. 187 F5)
Les Pins, 11560 Fleury
GPS: 43.215262, 3.233821
Der gebührenpflichtige Stellplatz für 50 Mobile liegt neben dem Camping municipal, Ver- und Entsorgung sind vorhanden, jedoch kein Strom, in der Saison kommt der Bäckerwagen. Der Platz befindet sich am Rand eines Naturschutzgebietes in unmittelbarer Nähe eines kleinen Hafens, der Strand ist 300 m und das Dorf 1 km entfernt. Achtung: Zufahrt nur über Fleury! Ganzjährig geöffnet.

S 608 **Aire de Camping-Car Pierre La Mer** (S. 187 F5)
3 Pissevaches, 11560 Fleury, i-campingcar.fr
GPS: 43.190283, 3.197136
Der gebührenpflichtige Stellplatz für 100 Mobile liegt vor einem Campingplatz mit Minimarkt am Rande eines Naturschutzgebietes und des Étang de Pissevaches. Schöner Naturstrand in der Nähe, das Zentrum ist 10 Minuten entfernt, Ver- und Entsorgung und einige Stromanschlüsse sind vorhanden, Parkscheinautomat. Ganzjährig geöffnet.

C 609 **Camping LVL Les Ayguades** (S. 187 F6)
Avenue de la Jonque, 11430 Gruissan, Tel. +33 4 68498159, campinglvl.com
GPS: 43.132073, 3.139897
Der 4-Sterne-Campingplatz liegt zwischen Étang de Mateille und Meer mit direktem Zugang zur Plage de Mateille. Es gibt mehrere Pools sowie ein Fitnessstudio, ein Panoramarestaurant, Snackbar und Minimarkt, Vermietung von Rädern, SUP und Kajaks. Ende März bis Anfang November geöffnet.

Aire de Camping-Car Gruissan-Plage

Aire de Camping-Car de Sauclières

S 610 **Aire de Camping-Car des Quatre Vents** (S. 187 E6)
Avenue des Quatre Vents, 11430 Gruissan, gruissan-mediterranee.com
GPS: 43.104115, 3.099617
Der gebührenpflichtige Stellplatz für 150 Mobile liegt am Ortsrand an einer Marina, Geschäfte und Zentrum sind zu Fuß erreichbar. Bezahlung beim Platzwart, Ver- und Entsorgung sind vorhanden, jedoch kein Strom, WC und Dusche stehen zur Verfügung. Ganzjährig geöffnet.

S 611 **Aire de Camping-Car Plage des Châlets** (S. 187 E6)
Avenue de la Jetée, 11430 Gruissan, gruissan-mediterranee.com
GPS: 43.095850, 3.110222
Der gebührenpflichtige Stellplatz für 80 Mobile liegt in unmittelbarer Strandnähe im Ortsteil Gruissan-Plage. Ver- und Entsorgung sind vorhanden jedoch kein Strom, Restaurants und Einkaufsmöglichkeit in der Nähe. Anfang April bis Ende September geöffnet.

S 612 **Aire de Camping-Car Leucate-Plage** (S. 189 F2)
Chemin de Mouret, 11370 Leucate, tourisme-leucate.fr
GPS: 42.900175, 3.052800
Der gebührenpflichtige Stellplatz für 40 Mobile befindet sich direkt am schönen Strand etwa 1,5 km vom Zentrum entfernt. Restaurants in der Nähe, in der Saison kommt der Bäckerwagen. Parkscheinautomat, Ver- und Entsorgung (nicht im Winter), jedoch kein Strom. Ganzjährig geöffnet.

Aire de Camping-Car Pierre La Mer

Die zerklüftete Felsküste ist typisch für die Côte Vermeille.

7

WUNDERSCHÖNE CÔTE VERMEILLE

Abschied vom Meer und hinein in das geschichtsreiche Land der Katharer

Die Landschaft hier am südwestlichsten Teil der französischen Mittelmeerküste verändert sich nun völlig. Die Pyrenäenausläufer haben eine beeindruckende Küstenlandschaft mit großartigen Caps und kleinen versteckten Buchten gebildet, in denen nette Badeorte zu entdecken sind. Das katalanische Frankreich ist aber auch geprägt von riesigen Weinfeldern und Korkeichenwäldern.

Pyrénées-Orientales nennt sich seit der Gebietsreform von 2016 das südlichste Département der einstigen Region Languedoc-Roussillon. Der Landstrich grenzt im Osten an das Mittelmeer, im Süden an Spanien, im Norden an das Département Aude und im Westen an Andorra.

DIE ZINNOBERROTE KÜSTE

Argelès-sur-Mer trumpft noch einmal mit einem sieben Kilometer langen und feinen Sandstrand sowie sage und schreibe 50 Campingplätzen auf. Damit steht der Badeort in Frankreich auf Platz eins hinsichtlich der Campingplatzdichte. Eine kilometerlange, mit Palmen bepflanzte Promenade verläuft bis zum großen Jachthafen – es gibt wahrlich eine Menge zu gucken. Nach einem herrlichen Tag am Strand kann der Urlauber dann entspannt zwischen unzähligen Boutiquen, Souvenirshops, Eisdielen und Restaurants bummeln oder bis zum großen Jachthafen flanieren. Dieser grenzt an das gemütliche ehemalige Fischerviertel **Le Racou** und dann ist die Côte Sableuse urplötzlich zu Ende und die Landschaft verändert sich völlig. Steil fallen die zinnoberroten Felsen der Côte Vermeille zum Meer hin ab und ein spannender

Am südlichsten Teil Frankreichs

Sentier littoral verläuft bis zur spanischen Grenze. Auf diesem einstigen Schmugglerpfad brachen vor den Nazis geflüchtete Menschen in Richtung Spanien auf, in umgekehrter Richtung versuchten verfolgte Spanier dem Franco-Regime zu entkommen. **Collioure** gilt als die Perle der Côte Vermeille – hier muss man einfach mal gewesen sein! Das malerische Künstlerdorf schmiegt

ROUTE 7

START- UND ENDPUNKT
Argelès-sur-Mer und Carcassonne

STRECKENLÄNGE
ca. 230 km

FAHRZEIT
6 bis 7 Tage

BESTE JAHRESZEIT
April bis Oktober

Start
Argelès-sur-Mer
D114 3 km
Collioure

AUSFLUG

SENTIER LITTORAL NACH SPANIEN

Der Küstenweg entlang der Côte Vermeille beginnt in Argelès-sur-Mer am Strand Racou und führt über die Plage de l'Ouille nach Collioure und Banyuls-sur-Mer bis nach Cerbère an die spanische Grenze. Die schöne Wanderung erstreckt sich über 30 Kilometer und erfordert etwas Kondition, denn teilweise muss man in die Buchten hinuntersteigen, um auf der anderen Seite wieder den Felsen zu erklimmen. Unter argeles-sur-mer.com kann ein sehr gut gemachter Wanderführer heruntergeladen werden. Der Rückweg ist per Bus oder Bahn möglich.

sich in eine idyllische Bucht, die so bedeutende Maler wie Matisse, Chagall oder Braque einst magisch anzog. Der Ort gilt als Wiege des Fauvismus (*fauves* = wilde Tiere), abgeleitet von dem regelrechten Farbenrausch, in dem die Motive gemalt wurden. In der **Hostellerie des Templiers** hängen zahlreiche Duplikate der Bilder, mit denen die durstigen und hungrigen, aber armen jungen Maler damals ihre Zeche bezahlten. Das urige Restaurant liegt am **Chemin des Fauves**, der Flaniermeile entlang des Kanals, und nicht nur hier reiht sich ein Lokal an das andere. Besonders die Fête de Saint-Vincent im August zieht Tausende Besucher nach Collioure. Fünf Tage lang feiert man ein opulen-

Château Royal de Collioure wurde durch Vauban zur Festung und bewacht die Stadt.

tes Stadtfest mit Prozessionen katalanischer Barken, dem traditionellem Fischerstechen Joutes und grandiosem Feuerwerk.
Einst war der Ort wichtigster Hafen im Roussillon und so diente der Glockenturm der **Église Notre-Dame-des-Anges** auch als Leuchtturm. Es ist empfehlenswert, noch ein Stückchen weiter über den Damm zur **Chapelle Saint-Vincent** zu spazieren, denn von hier aus bietet sich ein wunderschöner Blick auf das Bilderbuchstädtchen und das **Château Royal de Collioure** auf der anderen Seite des Hafens. Ehemals Sommerresidenz der Könige von Mallorca, baute Sébastien Le Prestre de Vauban, Festungsbaumeister Ludwigs XIV., im 17. Jahrhundert das Schloss zu einer massiven Festung mit meterdicken Mauern und unterirdischen Gängen aus. Auch bei der Erweiterung des **Fort Saint-Elme** hatte der Baumeister seine Hände im Spiel. Ganze 160 Meter über dem Hafen thront die sternförmige Anlage, die dem Schutzheiligen der Fischer gewidmet und deren Besuch besonders für Kinder ein Erlebnis ist. Der Wanderfreund wählt sicherlich den Aufstieg mit der gelben Markierung vorbei an der Ölmühle **Moulin de Collioure**, der weniger Sportliche besteigt einfach den kleinen Touristenzug und genießt ganz stressfrei die fantastische Aussicht.

Collioure
D914 13 km
Banyuls-sur-Mer

In seinen turbulenten 56 Dienstjahren als »Ingénieur de France« hatte Vauban übrigens 33 neue Festungen geplant und 160 Forts modernisiert. Damit schuf er den eisernen Gürtel »enceinte de fer«, der die Außengrenzen Frankreichs sichern sollte. Seit 2008 sind zwölf besonders beispielhafte und gut erhaltene Anlagen von der UNESCO in der Welterbeliste verzeichnet. In Südfrankreich gehören an der Grenze zu Spanien das Fort Mont-Louis und Villefranche-de-Conflent dazu.

↑ Der Sentier littoral an der Côte Vermeille

↓ Hafenidylle vom Feinsten in Collioure

Zwischen Collioure und **Argelès-sur-Mer** besteht eine regelmäßige Schiffsverbindung. Wer den malerischen Ort per pedes oder Rad besucht, sollte diese Gelegenheit für den Rückweg nutzen. Vom Meer aus kann man die wunderschöne Côte Vermeille so richtig genießen.

LETZTE STATIONEN AM MEER

Port-Vendres hat in der Region die Funktion eines aktiven Fischerorts übernommen, riesige Trawler liegen im Hafen und ganze Lkw-Kolonnen transportieren das gut gekühlte Meeresgetier in alle Teile des Landes. Idyllisch ist es hier nicht unbedingt, aber für den Gourmet unter den Wohnmobilisten ist schon allein das Angebot in der hiesigen Poissonnerie einen Stopp wert. Dem Wanderfreund sei der sehr schöne und spannende Abschnitt des Sentier littoral bis zum Cap Béar empfohlen, wo neben dem Sémaphore und dem Leuchtturm auch Bunkerreste zu entdecken sind.

Auf dem weiteren Weg liegt das Städtchen **Banyuls-sur-Mer** und hier findet der Urlauber noch einmal eine Badebucht und eine palmengesäumte Promenade vor, auf der einige Skulpturen des Bildhauers Aristide Maillol zu entdecken sind (Parkmöglichkeit am Bahnhof: 42.482135, 3.124996). Der Ferienort liegt inmitten eines kleinen, aber ganz besonderen Weinanbaugebietes, in dem hauptsächlich ein schwerer Aperitifwein produziert wird. Einige Kellereien alteingesessener Weingüter laden zur Degustation ein, deren süße Likörweine auf den Weinhängen rundum gereift sind. Aufgrund der steilen Lagen ist ausschließlich Handarbeit möglich, der karge Schieferboden lässt nur wenige Erträge zu und dementsprechend teuer wird der Banyuls-Wein gehandelt.

Die Fahrt entlang der Küstenstraße D914 gen Spanien ist bezaubernd: Über zahlreiche Serpentinen windet sich die gut ausgebaute Strecke durch eine wunderschöne Landschaft empor und die Ausblicke hinunter auf das Meer sind atemberaubend. Etwa drei Kilometer vor dem Grenzort **Cerbère** steht ein neuer, mustergültiger Stellplatz mit Traumsicht zum Übernachten zur Verfügung. Damit verabschieden wir uns vom Meer und begeben uns auf Erkundungstour durch das Land der Katharer.

Banyuls-sur-Mer
D914 11 km
Cerbère

IM LAND DER KATHARER

Nicht nur an der Küste wird Wein angebaut: Die Fahrt ins Landesinnere führt nun durch das riesige Weingebiet Corbières, wo zu 90 Prozent Rotweine erzeugt werden. Entlang der D117 reiht sich eine Burg an die andere, denn die Region war einst Grenze zwischen Frankreich und Spanien. Liebhaber alter Festungsanlagen werden um Cucugnan fündig, denn hier thront auf 728 Metern über dem Meer eines der eindrucksvollsten und besterhaltenen Schlösser,

Statue auf der Promenade von Banyuls-sur-Mer

Château de Quéribus aus dem 11. Jahrhundert (cucugnan.fr, Parkplatz: 42.839115, 2.621168). Ganz in der Nähe befindet sich das gewaltige Château de Peyrepertuse, sodass beide Burgen von **Duilhac-sous-Peyrepertuse** aus besucht werden können. In dem Dorf gibt es einen kostenlosen Wo-mo-Parkplatz (peyrepertuse.com, 42.861740, 2.565436), die Zufahrt in das Bergdorf ist allerdings recht schmal und somit nur für geübte Wohnmobilfahrer zu empfehlen. Vorbei an Saint-Paul-de-Fenouillet, einem Eldorado für den Kletterer (viaferrata-fr.net), ist bald **Axat** erreicht, wo sich der Rafting-Freund oder der begeisterte Schluchtenwanderer für einen Aufenthalt entscheiden wird. Der hiesige Campingplatz liegt idyllisch in einem kleinen Wald direkt am Flüsschen Aude. Der folgende Streckenabschnitt auf der D118 führt zwischen senkrecht abfallenden Felswänden hindurch und immer wieder sind nette Picknickplätze zu entdecken. **Quillan** bezeichnet sich als Tor in die Pyrénées Audoises und hier steht nicht nur ein offizieller Stellplatz zur Verfügung, in der Umgebung findet der Abenteuerlustige

↑ Das Château de Peyrepertuse
↓ Das kleine Dörfchen Cucugnan

SPECIAL

DIE KATHARER

Der Begriff aus dem Griechischen bedeutet »Die Reinen« und steht für eine christliche Glaubensbewegung des 12. Jahrhunderts vornehmlich im Süden Frankreichs. Die Glaubenslehre verurteilte Macht und Reichtum der katholischen Kirche und ihre Führungselite lebte in Keuschheit und Askese. Das Wohlwollen der armen Bevölkerung und des Landadels war den Katharern sicher, die Kirche jedoch rief zum Krieg und zur Inquisition gegen diese erstarkende Konkurrenz auf. Im Jahre 1209 begann der 20-jährige Albigenserkreuzzug, bei dem es zu unvorstellbaren Gräueltaten kam, 1255 dann waren die Katharer endgültig besiegt.

Die Ruinen der Abbaye bénédictine Notre Dame d'Alet

reichlich Abwechslung: den Fluss per Kajak befahren, Burgen erklimmen, Schluchten durchstreifen, Höhlen erforschen und natürlich wandern und mountainbiken – was will man mehr?

Alet-les-Bains ist für die wohltuende Wirkung seines Mineralwassers berühmt, dem vor allen Dingen heilende Kräfte bei Verdauungserkrankungen nachgesagt werden. Die Quelle ist die ergiebigste von ganz Frankreich und ihr Wasser wird seit 120 Jahren in Flaschen abgefüllt. In unmittelbarer Nähe der mittelalterlichen Stadtmauer, die den alten Dorfkern umschließt, befindet sich der fast ganzjährig geöffnete Campingplatz und nur wenige Schritte weiter steht die Hauptsehenswürdigkeit des Städtchens. Die **Abbaye bénédictine Notre Dame d'Alet** stammt aus dem 9. Jahrhundert, war im 14. Jahrhundert sogar eine Kathedrale und wurde während der Religionskriege zerstört. Ihre sehenswerten Ruinen sind auch heute noch überaus beeindruckend, der einstige Bischofspalast ist inzwischen ein Hotel.

Immer entlang des Flüsschens Aude folgt nach zehn Kilometern **Limoux**. Dieses Städtchen ist für eine Köstlichkeit der ganz anderen Art bekannt: Blanquette de Limoux. Hierbei handelt es sich um einen Schaumwein, der nachweislich im 16. Jahrhundert per Zufall von einem Mönch erfunden wurde. Somit ist das prickelnde Getränk älter als Champagner und wird hier in der Region auch unter dem Namen Crémant de Limoux brut angeboten. Limoux gilt aber auch als die Hochburg des südfranzösischen Karnevals, mit mehr als drei Monaten der

Cerbère
D914
D114
D19
D14 95 km
Duilhac-sous-Peyrepertuse
D14
D123
D19
D117 43 km
Axat
D118 12 km
Quillan
D118
D2118 19 km
Alet-les-Bains

Das Flüsschen Aude durchfließt Limoux.

Alet-les-Bains
D2118
D118 9 km
Limoux
D118
D6161
D118 25 km
Carcassonne

»längste Karneval der Welt«. Höhepunkt hierbei ist der Mardi Gras, der fette Dienstag, am Ende der närrischen Zeit steht die Nuit de la Banquette, in der Strohpuppen, stellvertretend für die Sünden der Stadtbewohner, durch die Straßen getragen und dann gehängt oder verbrannt werden (audetourisme.com).

Carcassonnes unbestrittene Hauptsehenswürdigkeit ist die mittelalterliche Festungsstadt La Cité. Das faszinierende UNESCO-Weltkulturerbe zieht jährlich drei Millionen Besucher an, und das zu Recht. Es ist empfehlenswert, den zentrumsnahen Stellplatz anzufahren, um von hier aus die Cité Médiévale zu erobern. Der 20-minütige, ausgeschilderte Spaziergang führt auf einem idyllischen, beleuchteten Weg immer an der Aude entlang, bis plötzlich hoch oben auf einem Hügel die grandiose Festungsstadt zu erblicken ist. Schon im 6. Jahrhundert v. Chr. war die Anhöhe bebaut, den Kelten folgten die Römer, die Westgoten und die Sarazenen und schließlich die Fürstenfamilie Trencavel. Ihre Herrschaft endete mit dem Katharerkreuzzug durch den grausamen Heerführer Simon de Montfort, der die Stadt zum Hauptsitz der Inquisition machte.

Ab 1224 gehörte Carcassonne zum französischen Königreich und damit zum Verteidigungsgürtel gegen das spanische Aragón.

Die Festungsstadt
La Cité in Carcassonne

Die Festungsmauern von Carcasonne mit ihren 52 Türmen

Durch den erfolgreichen Wein- und Tuchhandel zog es später immer mehr Menschen in die Unterstadt und so verfiel die Cité im 17. Jahrhundert zusehends. Die aufwendige Restaurierung dauerte von 1853 bis zum Jahre 1911, aber der Spaziergang durch die Cité ist heute ein Erlebnis der besonderen Art. Die Altstadt lässt sich zwischen den beiden Festungsmauern mit ihren 52 Türmen umrunden und bietet einen schönen Blick in die weite Umgebung. Das Innere der Cité, die kostenlos besichtigt werden kann, ist natürlich sehr touristisch. Souvenirshops, Eisdielen und jede Menge Restaurant laden den Besucher zur Einkehr ein, für den kulturellen Genuss sorgen die Besichtigung der Basilika Saint-Nazaire und das Château Comtal.

Tipp

DES TROUBADOURS

Der deftige Eintopf Cassoulet gilt als eine Spezialität der Stadt, die in vielen Lokalen angeboten wird. Das Gericht wird in einem irdenen Gefäß serviert und besteht aus weißen Bohnen mit gepökeltem Speck, oft enthält es auch eine Schweinswurst oder einen Entenschlegel. Im Troubadours isst der Gast nicht nur sehr gut, es herrscht auch eine überaus gemütliche Atmosphäre (Rue des Troubadours, Tel. +33 4 68478880).

PRAKTISCHE HINWEISE

TOURISTINFORMATIONEN

Office de Tourisme Argelès-sur-Mer
Place de l'Europe (neben dem Casino), 66700 Argelès-sur-Mer, Tel. +33 4 68811585, argeles-sur-mer-tourisme.com

Office de Tourisme Collioure
Place du 18 Juin, 66190 Collioure, Tel. +33 4 68821547, collioure.com

Office de Tourisme Port-Vendres
1 Quai François Joly, 66660 Port-Vendres, Tel. +33 4 48980008, tourismus-mittelmeer pyrenaen.de

Office de Tourisme
Carcassonne
21 Rue Cros Mayrevieille, 11000 Carcassonne, Tel. +33 4 68102430, tourisme-carcassonne.fr

MUSEEN/AUSFLÜGE/ ATTRAKTIONEN

Château Royal de Collioure
Place du 8 Mai, 66190 Collioure, Tel. +33 4 68820643, ledepartement66.fr
Die Festung kann per Führung oder frei besichtigt werden.

Fort Saint-Elme
66190 Collioure, collioure.com
Das Fort kann von Anfang April bis Ende September besichtigt werden, Kinder können sich dabei als Ritter verkleiden.

Abbaye bénédictine Notre-Dame
10 Rue Nicolas Pavillon, 11580 Alet-les-Bains, Tel. +33 4 68699356, aletlesbains.com
Die Abtei kann das ganze Jahr über täglich besichtigt werden.

Château et Remparts de la Cité
1 Rue Viollet le Duc, 11000 Carcassonne, Tel. +33 4 68117070, remparts-carcassonne.fr
Der Besuch des Schlosses und der Wehrgänge ist das ganze Jahr über möglich.

STELL- UND CAMPINGPLÄTZE

C 700 **Camping-Car Park Argelès-sur-Mer** (S. 189 F5)
Route du Littoral, 66700 Argelès-sur-Mer, Tel. +33 1 83646921, campingcarpark.com
GPS: 42.575620, 3.042438
Der gebührenpflichtige Stellplatz von Pass'Étapes (Pass'Étapes s. Reiseinfos/ Stellplätze) für 20 Mobile

Aire de Camping-Car Carcassonne

Blick vom Aire de Camping-Car Cap Peyrefite

liegt in Meeresnähe und neben einem Campingplatz. Ver- und Entsorgung sowie Strom und WLAN vorhanden, Parkscheinautomat, Ortsrand. Ganzjährig geöffnet.

C 701 **Camping Municipal Le Roussillonnais** (S. 189 F5)
Boulevard de la Mer,
66702 Argelès-sur-Mer,
Tel. +33 4 68811042,
leroussillonnais.com
GPS: 42.567904, 3.044679
Der große 3-Sterne-Campingplatz liegt direkt am Strand. Schöner Pinienbestand, Restaurant, Bar, kleiner Supermarkt, kostenloses WLAN. Von hier verläuft eine schöne Promenade bis zum Hafen. Anfang April bis Anfang November geöffnet.

C 702 **Camping Les Criques de Porteils** (S. 189 F5)
RD114, Route de Collioure,
66700 Argelès-sur-Mer,
Tel. +33 4 68811273,
lescriques.com
GPS: 42.534008, 3.067985
Der 5-Sterne-Terrassencampingplatz liegt versteckt in einer Bucht. Auf dem Sentier littoral ist nach 2,5 km Collioure erreicht, in westlicher Richtung ist man nach 2 km an der Plage Racon von Argelès-sur-Mer. Es besteht ein schöner Blick von fast jedem Platz, ein beheiztes Schwimmbad, Wellnessbereich, Restaurant, Minimarkt sind vorhanden. Anfang April bis Anfang November geöffnet.

S 703 **Parking du Cap Dourats P2** (S. 189 F5)
Route de Madeloc,
66190 Collioure,
collioure.fr/fr/stationnement
GPS: 42.525707, 3.068647
Der terrassenförmig angelegte Stellplatz für 40 Mobile ist Teil eines großen Parkplatzes und liegt im Grünen. Im unteren Bereich gibt es Stromsäulen, Ver- und Entsorgung vorhanden. Das Zentrum ist über einen steilen Weg nach 2 km erreicht, in der Saison gibt es einen kostenlosen Shuttlebus. Ganzjährig geöffnet.

S 704 **Aire de Camping-Car Port-Vendres** (S. 189 F5)
Chemin des Tamarins,
66660 Port-Vendres,
tourisme-pyrenees-mediterranee.com
GPS: 42.517669, 3.113736
Der schlichte, gebührenpflichtige Stellplatz für 30 Mobile liegt am Ortsrand in der Nähe des Industriehafens. Ver- und Entsorgung vorhanden, jedoch kein Strom. Ein Bistro befindet sich am Platz, ein größerer Supermarkt in der Nähe, das Zentrum liegt 2 km entfernt. Die Polizei kassiert zwischen 8 und 9 Uhr die Stellplatzgebühr. Ganzjährig geöffnet.

S 705 **Aire de Camping-Car Cap Peyrefite** (S. 189 F5)
16 Route d'Espagne,
66290 Cerbère,
Tel. +33 6 21878102,
campingpeyrefite.fr
GPS: 42.456021, 3.161648
Der neue, gebührenpflichtige Stellplatz liegt außerorts auf einem Cap mit tollem Blick auf das Meer, das Ortszentrum ist 3 km entfernt. Ver- und Entsorgung sowie Strom sind vorhanden, Parkscheinautomat. Ganzjährig geöffnet.

C 706 **Camping Le Moulin** (S. 188 B3)
Pont d'Aliès, 11140 Axat,
Tel. +33 4 68205327, alies.fr
GPS: 42.812362, 2.238641
Der 3-Sterne-Campingplatz liegt außerorts im Wald und direkt am Fluss neben einer Wildwasserbasis. Es gibt ein beheiztes Schwimmbad, Snackbar und Minimarkt mit Brötchenservice. Mitte März bis Mitte Oktober geöffnet.

C 707 **Camping-Car Park Quillan** (S. 188 B3)
20 Rue Baptiste Marcet,
11500 Quillan,
Tel. +33 1 83646921,
campingcarpark.com
GPS: 42.871099, 2.181835
Der gebührenpflichtige Pass'Étapes-Platz (Pass'Étapes s. Reiseinfos/Stellplätze) liegt am Ortsbeginn. WLAN, Ver- und Entsorgung sowie Strom sind vorhanden, rundum wunderschöne Wanderwege, das Zentrum ist zu Fuß erreichbar. Ganzjährig geöffnet.

C 708 **Camping le Val d'Aleth** (S. 188 B2)
11580 Alet-les-Bains,
Tel. +33 4 68699040,
valdaleth.com
GPS: 42.994987, 2.255980
Der kleine Campingplatz am Ufer der Aude grenzt direkt an die mittelalterliche Stadtmauer. Der Platz ist schön begrünt, es gibt einen Minimarkt, Snackbar. Ganzjährig außer Mitte November bis Mitte Dezember geöffnet.

C 709 **Camping-Car Park Limoux** (S. 186 A6)
Rue Louis Braille,
11300 Limoux,
Tel. +33 1 83646921,
campingcarpark.com
GPS: 43.057461, 2.215133
Der Pass'Étapes-Platz (Pass'Étapes s. Reiseinfos/Stellplätze) liegt am Fluss unweit des Zentrums, Ver- und Entsorgung sowie WLAN, WC und Strom vorhanden. Ganzjährig geöffnet.

S 710 **Aire de Camping-Car Carcassonne** (S. 186 B5)
D104, Chemin Bernard Délicieux, 11000 Carcassonne,
campingcitecarcassonne.com
GPS: 43.199793, 2.352777
Der Stellplatz für 40 Mobile liegt vor dem Camping de la Cité, Ver- und Entsorgung vorhanden, jedoch kein Strom. Der Platz befindet sich am Ortsrand, die historische Cité ist über einen schönen Weg fußläufig erreichbar. Ganzjährig geöffnet.

Camping Les Criques de Porteils

Blick auf Mazamet am Rande des südfranzösischen Schwarzwaldes Montagne Noire

8

GORGES DU TARN UND PARC RÉGIONAL D'ARDÈCHE

Eine spannende Reise zu den spektakulärsten Schluchten Frankreichs

Diese Reise verläuft quer durch das abwechslungsreiche Landesinnere Südfrankreichs. Jede Region auf dem Weg ist für sich genommen etwas ganz Besonderes und einen längeren Aufenthalt wert. Da sind das wunderschöne Gebirge Montagne Noire, die grandiosen Cevennen, Europas tiefste Canyons und weltweit einzigartige Höhlen – es gibt viel zu entdecken!

Schwebende Hängebrücke auf 70 Meter Höhe

Eine landschaftlich wunderschöne Strecke erwartet den Wohnmobilreisenden und immer wieder begeistern die Blicke in die weite, leicht hügelige Umgebung. Die gut ausgebaute D118 gen Norden verläuft durch ein weiteres Weinanbaugebiet und erneut fragt man sich, wer das eigentlich alles trinken soll. Die Landschaft wird langsam immer gebirgiger und dann ist das »schwarze Gebirge« **Montagne Noire** erreicht. Mit seiner dichten Bewaldung erinnert es tatsächlich an den Schwarzwald, hier handelt es sich um den südlichsten Ausläufer des Zentralmassivs. Im Herzen der Schwarzen Berge befindet sich mit dem Lac de Saint-Férreol das Speicherbecken des Canal du Midi.

BLUMENSTADT MAZAMET

Das hübsche Städtchen Mazamet liegt am nördlichen Rand der Montagne Noire mitten im Parc naturel régional du Haut-Languedoc. Am Ortsrand befindet sich in idyllischer Lage ein Pass'Étapes-Stellplatz, von dem das Zentrum des netten Ville fleurie mit drei Blümchen zu Fuß erreichbar ist. Hier sei dem Interessierten das **Haus der Erinnerung** ans Herz gelegt, ein Museum zur Geschichte der Katharer. Der Stellplatz am Flüsschen L'Arnette liegt in einem schönen Wandergebiet sowie in der Nähe eines beliebten Klettersteigs Via Ferrata und eines spektakulären Brückenstegs. Die kostenlose, leicht schwingende Fußgängerbrücke verbindet Mazamet mit dem mittelalterlichen Dorf **Hautpoul**, ihre 140 Meter lange Stahlkonstruktion schwebt 70 Meter über der Arnette-Schlucht.

ROUTE 8

START- UND ENDPUNKT
Mazamet und Pont-Saint-Esprit

STRECKENLÄNGE
ca. 480 km

FAHRZEIT
7 bis 8 Tage

BESTE JAHRESZEIT
Mai bis Oktober

Start Mazamet
D88a
N112
D1012
D612 62 km
Albi

SPECIAL

VILLES ET VILLAGES FLEURIS

Seit 1972 gibt es in Frankreich einen Wettbewerb um den schönsten blumengeschmückten Ort, eine Idee, die kleine Ortschaften vor dem Vergessen bewahren sollte. Aus den ursprünglich 600 teilnehmenden Gemeinden sind mittlerweile mehr als 12 000 geworden, denn die Auszeichnung garantiert etwas Tourismus und den Einwohnern eine Verbesserung der Lebensbedingungen. Die Klassifizierung wird auf regionaler Ebene jährlich neu vorgenommen, die jeweilige Jury entscheidet auch, welcher Kandidat sich um die vierte Blume bewerben darf, den Grand Prix, der für ganz Frankreich national vergeben wird.

SEHENSWERTES ALBI

Das 60 Kilometer entfernte **Albi** gehört bereits zum Département Tarn. Der gleichnamige Fluss durchquert die Stadt, die einen Stopp auf jeden Fall wert ist. In unmittelbarer Nähe zur Altstadt sind Womo-Parkplätze geschaffen worden, auf denen sogar ganz offiziell übernachtet werden darf (Boulevard Général Sibille, 43.927264, 2.140988, Ver- und Entsorgung befinden sich am Stellplatz auf der anderen Seite des Flusses). Der Tarn wird von einer der ältesten Brücken Frankreichs, dem Pont Vieux überspannt, der wie alle historischen Gebäude der Stadt aus örtlichem rotem Ziegel gebaut ist.
Hauptsehenswürdigkeit von Albi, auch »La Rouge« – Die Rote – genannt, ist die größte aus Backstein erbaute Kathedrale der Welt, die **Cathédrale Sainte-Cécile**. Majestätisch steht das schon von außen beeindruckende Gotteshaus mit seiner außergewöhnlichen Architektur auf dem höchsten Punkt der Stadt und der 78 Meter hohe, trutzige Glockenturm ist von überallher sichtbar. Das einzigartige Innere der Kathedrale macht den Besucher dann einfach nur sprachlos. Das in Gold- und Blautönen gehaltene Rundbogengewölbe ist wunderschön harmonisch, an den Wänden hängen riesige Gemälde und jeder Zentimeter ist in den schönsten Farben ausgeschmückt. Selbst die Säulen überraschen mit ihrer Farbigkeit, den Chor umgeben verschwenderisch geschnitzte Schranken und die grandiose Orgel besitzt klanggewaltige 3500 Pfeifen. Für die Recherche meiner Wohnmobil-Reiseführer habe ich in den letzten Jahren unzählige Kirchen und Kathedralen besichtigt, aber ein so unglaublich eindrucksvolles Gotteshaus habe ich noch niemals gesehen.
Albi zählte einst zu den Hochburgen der Katharer und die hiesigen Bischöfe waren glühende Vertreter des Katharismus. Bald

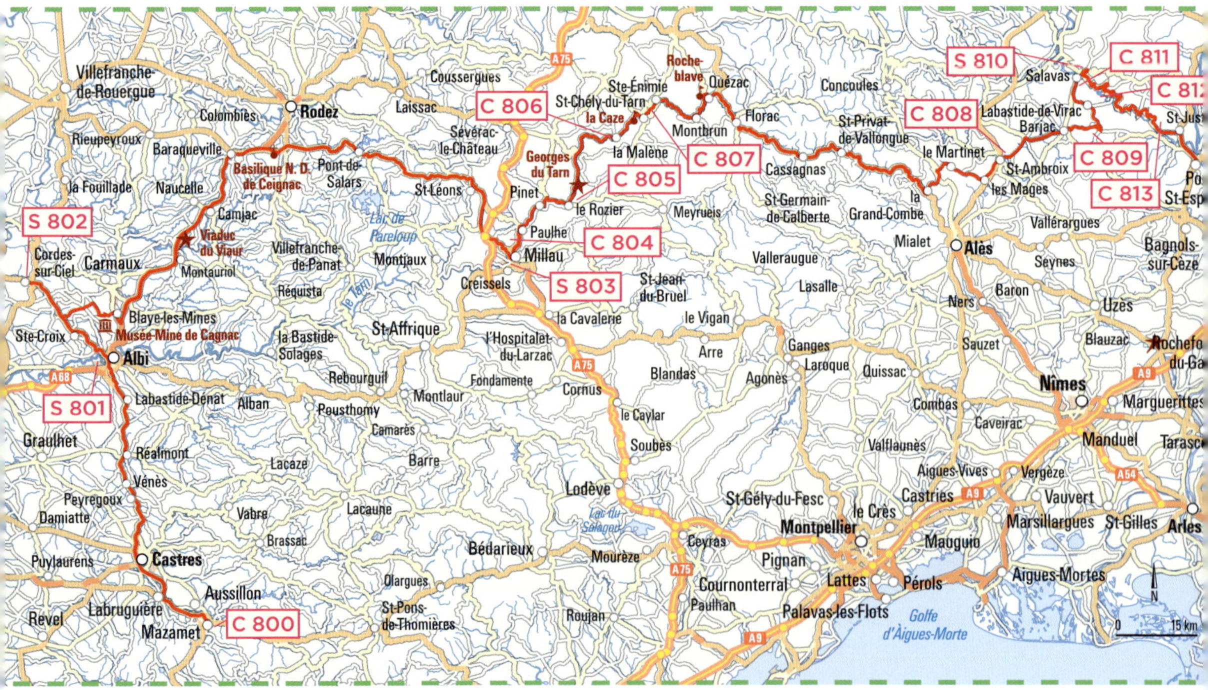

Die Cathédrale Sainte-Cécile in Albi ist nicht nur von außen überaus beeindruckend.

KULTUR

HENRI TOULOUSE-LAUTREC

Der 1864 geborene Maler entstammte dem alten und wohlhabenden Adelsgeschlecht der Grafen Toulouse-Lautrec. Aufgrund der nahen Verwandtschaft seiner Eltern litt das Kind an diversen Erbkrankheiten wie Kleinwuchs und Knochenbrüchigkeit, und während der langen Heilungsprozesse entdeckte der Junge seine Liebe zur Malerei. In Paris, wo er ab 1882 Kunst studierte, entstanden im Vergnügungsviertel Montmartre seine berühmtesten Bilder aus dem Leben in den Bordellen und Plakate für das Varieté Moulin Rouge. Toulouse-Lautrec verfiel allerdings immer mehr dem Alkohol, erkrankte an Syphilis sowie Depressionen und starb 1901 mit nur 36 Jahren im elterlichen Schloss Malromé.

Albi
D612 25 km
Cordes-sur-Ciel

wurde die Glaubensgemeinschaft deshalb auch »Albigenser« genannt, doch während des Albigenserkreuzzuges im 13. Jahrhundert wurden allein hier mehr als 200 Bürger der Stadt als Ketzer verurteilt und auf dem Scheiterhaufen verbrannt.

Bummeln Sie nun noch ein wenig durch das schöne **Bischofsviertel**, das seit 2010 zum UNESCO-Weltkulturerbe gehört. Spazieren Sie entlang der Uferpromenade und genießen Sie die malerischen Ausblicke. Für ein wohlverdientes Päuschen bietet sich die Place Saint-Cécile an, wo jeden Samstag auch ein großer Wochenmarkt aufgebaut wird. Dem Kunstinteressierten sei noch der festungsartige Bischofspalast **Palais de la Berbie** aus dem 13. Jahrhundert empfohlen, der heute das **Musée Toulouse-Lautrec** beherbergt.

Das Museum ist dem berühmtesten Sohn der Stadt, dem Maler Henri Toulouse-Lautrec,

↑ Cathédrale Sainte-Cécile in Albi
↓ In der Altstadt von Cordes-sur-Ciel

gewidmet, der seinem Heimatort 500 Ölgemälde, Zeichnungen und Lithografien hinterlassen hat.

ABSTECHER IN DEN HIMMEL

25 Kilometer weiter treffen wir auf **Cordes-sur-Ciel**, das zu Recht den ehrenwerten Titel »Plus Beau Village de France« trägt. Der mittelalterliche Ort thront auffällig auf einem Hügel und präsentiert sich als eine zauberhafte Festungsstadt, gegründet im Jahre 1222 durch den Grafen von Toulouse Raymond VII. Die sogenannten Bastiden wurden im Mittelalter aus strategischen, wirtschaftlichen und politischen Gründen planmäßig im Schachbrettmuster aufgebaut. Von den vielen Bastiden – im Südwesten Frankreichs gibt es etwa 400 dieser kleinen befestigten Städte – liegt Cordes-sur-Ciel tatsächlich fast im Himmel. Nicht nur aufgrund des anstrengenden Aufstiegs sei hier

SPECIAL

LES CAUSSES ET CÉVENNES

Der größte Nationalpark Frankreichs zeichnet sich durch riesige Causses – Hochplateaus – aus, die teils von bizarren Felswänden aus Kalkstein begrenzt sind. Im Laufe von Millionen Jahren haben sich Flüsse tief in die bis zu 1250 Meter über dem Meeresspiegel liegenden Hochebenen gegraben und zahlreiche Gorges – Schluchten – geschaffen. Der 230 000 Hektar umfassende Naturpark, der seit 2011 zum UNESCO-Welterbe gehört, ist nicht nur ein Eldorado für Wanderer, Mountainbiker und Kajak-Fahrer, auch die Freunde der Höhlen und Grotten kommen hier auf ihre Kosten.

Die einzigartige Bastide Cordes-sur-Ciel liegt tatsächlich fast im Himmel.

die Fahrt mit dem Petit Train empfohlen. Der kleine Touristenzug startet jeweils zur vollen Stunde am zentralen Platz in der Unterstadt. Die 40-minütige Rundfahrt ist sehr informativ und führt nicht nur in die Oberstadt hinauf, sondern umrundet die Bastide im großen Bogen. An besonders schönen Aussichtspunkten macht das Züglein einen Fotostopp und dann geht es im wahrsten Sinne hinauf in den Himmel. Oben in der kopfsteingepflasterten Altstadt sollte man aussteigen und ein wenig bummeln, aber vor allen Dingen die mittelalterliche Atmosphäre genießen. Eine richtige Künstlerkolonie hat sich hier angesiedelt und in einigen Ateliers sind kreative Dinge zu bewundern. Jedes Jahr im Juli feiert man zwei Tage lang die Fête Grand Fauconnier, eines der ältesten und schönsten Mittelalterfeste Frankreichs (medievale-cordes.fr).

NATURPARK GRANDS CAUSSES

Millau, unser nächstes Ziel, ist nach etwa 100 Kilometern erreicht. Die Stadt wurde in erster Linie wegen des **Viaduc de Millau** bekannt, der das Vallée du Tarn überquert. Diese höchste Autobrücke der Welt ist insgesamt 2469 Meter lang und mit 343 Metern an der höchsten Stelle sogar höher als der Eiffelturm (leviaducdemillau.com). Nahezu unbemerkt befindet sich der Wohnmobilfahrer plötzlich auf der mautpflichtigen Brücke, deren Befahrung mit 18 Euro recht teuer ist.

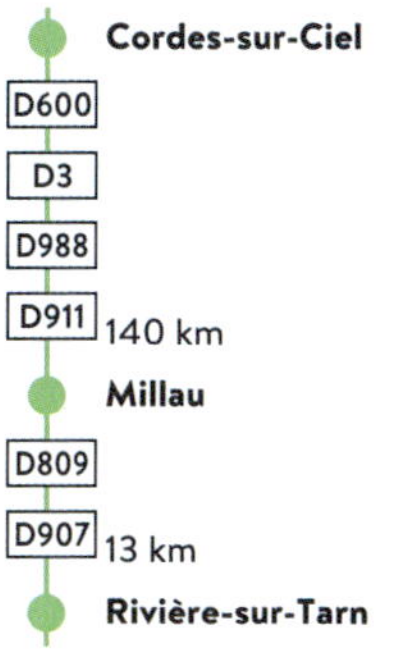

Wer die Maut sparen möchte, sollte die Autobahn A75 rechtzeitig in Richtung Millau Centre verlassen. Der eindrucksvollste Blick auf das gigantische Viadukt eröffnet sich dem Betrachter sowieso von unten, außerdem besitzt das Städtchen einen zentralen Stellplatz in Flussnähe und bietet die letzten größeren Einkaufsmöglichkeiten vor Erreichen der Gorges du Tarn. Mittwochs und freitags werden darüber hinaus Wochenmärkte abgehalten, wo unter anderem regionale Köstlichkeiten vom Wildschwein aus den Grands Causses zu erstehen sind.

La Malène ist ein bezauberndes Dorf in der Gorges du Tarn.

ENTLANG DER GORGES DU TARN

Der Tarn entspringt am Mont Lozère, der mit 1699 Metern höchsten Erhebung der Cevennen. Die Reise verläuft nun immer parallel zum Fluss, an dessen beiden Ufern zahlreiche Campingplätze und Kajak-Verleiher auf Gäste warten. Die Fahrt durch die Schlucht ist ein Genuss und ohnehin hat die Region einige Sehenswürdigkeiten zu bieten. In **Rivière-sur-Tarn** zum Beispiel ist das Château de Peyrelade einen Besuch wert. Die eindrucksvolle Burganlage thront zu Beginn der Tarn-Schlucht auf einem Felsvorsprung und kann besichtigt werden (chateaudepeyrelade.com).

Le Rozier lockt zu einem längeren Aufenthalt, denn in unmittelbarer Umgebung gibt es viel zu erleben. Da wäre das nahe Bergdorf **Peyreleau**, das als »Petite Cité de Caractère« klassifiziert ist und in einem herrlichen Wandergebiet liegt. Hier, am Zusammenfluss von Tarn und Jonte, beginnt die Schlucht **Gorges de la Jonte**, die sich zwischen dem Causse Noir und dem Causse Méjean in 500 Meter Tiefe durch eine wildromantische Unberührtheit windet.

Auch das **Maison des Vautours** befindet sich nicht weit entfernt. Das »Haus der Geier« ist der Wiedereinführung des großen Vogels gewidmet, der in den 1940er-Jahren in den Cevennen ausgestorben war. Nach jahrelanger mühsamer Züchtung gibt es heute wieder rund 250 dieser aasfressenden Vögel, die von der Aussichtsplattform mit Teleskopen bestens beobachtet werden können (maisondesvautours.fr).

Ein absolutes Highlight der Region wartet oben auf dem Causse Méjean. 1897 entdeckt, ist die Grotte **L'Aven Armand** eine der bedeutsamsten Kalksteinhöhlen der Welt (avenarmand.com). Mit einer Standseilbahn fahren Besucher durch einen 188 Meter langen Tunnel in die 45 Meter hohe Tropfsteinhöhle hinab. In dem riesigen unterirdischen Saal, in den die Cathédrale Notre-Dame de Paris passen würde, fasziniert ein Wald aus 400 gewaltigen Stalagmiten, die einzigartig illuminiert werden. Diese Steinbäume ragen bis zu 30 Meter in die Höhe – Aven Armand gehört ohne Zweifel zu den schönsten Höhlen der Welt und ist absolut sehenswert! Nach dem Höhlenbesuch geht es für den Wohnmobilisten dieselbe Strecke zurück, denn die Straße D43 nach La Malène ist für Wohnmobile gesperrt und sollte wegen extremer Spitzkehren auf keinen Fall befahren werden!

Überall in der Gorges du Tarn bieten sich Möglichkeiten, Kajak zu fahren, die Schlucht zählt aber auch zu den beliebtesten Klettergebieten Südfrankreichs. Die 700 Routen sind senkrecht bis überhängend und damit recht anspruchsvoll. Hinter Le Rozier beginnt der spektakuläre Teil der Schlucht, die Straße ist teilweise recht schmal und durchquert einige Felstunnel. Die größte Chance, möglichst wenigen entgegenkommenden Fahrzeugen ausweichen zu müssen, besteht zwischen 12 und 14 Uhr, denn dann machen die Franzosen Mittagspause.

La Malène gehört zu den beliebtesten Dörfern in der Gorges du Tarn, es gibt Ausflugslokale, Kajak-Verleiher und auf der anderen Flussseite einen idyllischen Wanderpfad entlang des Ufers. Wer nun der gelben Markierung folgt, hat nach etwa einer Stunde Aufstieg den Causse Méjean erreicht und wird mit einer grandiosen Aussicht in die Schlucht belohnt. Hier am Aussichtspunkt Roc des Hourtous in 500 Meter Höhe werden die Wanderer in einer bewirtschafteten Hütte mit regionalen, hausgemachten Spezialitäten verwöhnt, bevor der Abstieg nach La Malène wieder in Angriff genommen wird – viel Spaß!

Auch **Sainte-Enimie** besitzt den ehrenvollen Titel des »Plus Beau Village de France«. Malerische Pflastersteingassen mit Gewölbegängen durchziehen das mittelalterliche 500-Seelen-Dorf, das trotz des großen Parkplatzes und der vielen Ausflugslokale an der Promenade eine geheimnisvolle Ruhe ausstrahlt. In der Nähe des Office de Tourisme befindet sich die Quelle von Burle, der wundersame Heilkräfte vor allen Dingen bei Hautkrankheiten nachgesagt werden (Parkmöglichkeit: 44.365290, 3.411274 oder auf dem Seitenstreifen am Ortsausgang).

Um die Burle-Quelle rankt sich eine alte Legende: Einst hatte der Frankenkönig

Rivière-sur-Tarn
D907
D996 10 km
Le Rozier
D996
D907
D43 22 km
La Malène
D43
D907 14 km
Sainte-Enimie

↑ Illuminierte Grotte L'Aven Armand
↓ Bootstour in der Gorges du Tarn

Dagobert eine wunderschöne Schwester namens Enimie, die er verheiraten wollte. Sie aber flehte Gott an, sie davor zu bewahren, und tatsächlich wurde Enimie vor ihrer Hochzeit von Lepra befallen. Da diese Krankheit aber sehr schmerzhaft ist, war die junge Frau nun äußerst unglücklich. Im Traum erschien ihr bald ein Engel und befahl ihr, in der Quelle von Burle zu baden, wodurch sie augenblicklich geheilt wurde. Als Dank beschloss die Prinzessin, hier ein Kloster zu errichten, was auch die Gründung des Dorfes bedeutete.

GORGES DE L'ARDÈCHE

In **Ispagnac** endet der spektakuläre Abschnitt der Gorges du Tarn und wir machen uns auf den Weg zum nächsten Naturwunder dieser Route. Wir befinden uns nun im Département Ardèche und nach etwa 50 Kilometern verläuft die D901 durch ein weites Cevennental, wo am Fluss Claysse ein netter Campingplatz zum Verweilen einlädt. Während auf den Hochebenen oft ein kräftiger, kalter Wind weht, genießt der charmante Ort **Saint Sauveur-de-Cruzières** ein geradezu mildes Klima, was die französischen Landwirte rundum zum Oliven- und Weinanbau nutzen.

Grandiose Grotte Aven d'Orgnac

Orgnac liegt auf einem Plateau oberhalb der Ardèche-Schlucht und hier wartet eine Natursehenswürdigkeit, die mit dem Titel »Grand Site de France« geadelt ist. Die riesige Höhle **Aven d'Orgnac** wurde 1935 von Robert de Joly entdeckt, dessen Urne tief unten in der Grotte auch einen Ehrenplatz erhalten hat. Während der Forscher damals noch durch ein kleines Loch im Berg heruntergelassen werden musste, erlebt der Höhleninteressierte heute einen gut gesicherten Rundgang. Die Führung (deutscher Audioguide) dauert etwa eine Stunde, während der es 700 Stufen in die Tiefe geht. Die Tropfsteinhöhle ist insgesamt 20 Hektar groß, zwei davon sind für die Öffentlichkeit zugänglich.
Unzählige Stalagmiten und Stalaktiten sind zu bewundern, die teilweise zu ganzen Orgelpfeifen zusammengewachsen sind. Man erfährt so manches Informative und immer wieder beleuchtet der Guide ganz besondere Fantasiegebilde der Natur. In 121 Meter Tiefe ist der »Rote Saal« erreicht und hier erlebt der Besucher eine fantastische Lichtshow, bei der diese geheimnisvolle Unterwelt regelrecht verzaubert wird. Unsere oberirdische Welt erreicht die Gruppe ganz bequem per Aufzug und wer will, besucht danach noch die Ausstellung »Cité de la Préhistoire«.
In der Höhle herrschen konstant elf Grad, sodass Pullover oder Jacke sinnvoll sind (orgnac.com).
Der Fluss Ardèche entspringt im Parc naturel régional des Monts d'Ardèche und mündet nach etwa 125 Kilometern bei Pont-Saint-Esprit in die Rhône. An seinem Unterlauf hat er eine spektakuläre Schlucht geschaffen, die ein beliebtes Revier für den Kanusport ist. Durch die Schneeschmelze im Frühjahr oder starke Regenfälle im Herbst führt der Fluss teilweise sehr viel Wasser und so mancher Kajakfahrer landet dann kopfüber im kühlen Nass. Für den Profi beginnt

Blick von der Grotte Chauvet 2 in die weite Umgebung der Cevennen.

bei tosendem Wasser erst die echte Herausforderung und so findet jedes Jahr Anfang November der »Marathon International des Gorges de l'Ardèche« statt – mit bis zu 1500 Teilnehmern unterschiedlichster Bootsklassen. In den Sommermonaten ist die Ardèche verhältnismäßig ruhig, ideal für Urlauber mit Kindern. Kajak-Verleiher gibt es reichlich, Schwimmwesten werden gestellt und der Rücktransport ist organisiert.

Vallon-Pont-d'Arc heißt der Hauptort der Region, er liegt gleich zu Beginn der eigentlichen Schlucht. Der Urlauber kann unter diversen Campingplätzen auswählen, für den Kurzbesuch steht ein offizieller Stellplatz zur Verfügung. Die Stadt ist auch Zentrum des Weinanbaugebietes Côtes du Vivarais und so werden jeden Donnerstag auf dem Wochenmarkt die regionalen Weine angeboten. Im Städtchen gibt es mehrere Supermärkte, sodass hier nochmals der Wohnmobilkühlschrank aufgefüllt werden kann. Bevor wir die Gorges de l'Ardèche näher erkunden, sei nochmals ein Höhlenbesuch empfohlen.

SPEKTAKULÄR: GROTTE CHAUVET 2

Der Höhlenforscher Jean-Marie Chauvet hatte die Grotte 1994 per Zufall entdeckt. Sie war 20 000 Jahre lang von einer Steinlawine verschüttet gewesen und erwies sich nun als Sensationsfund. In dem 8500 Quadratmeter großen Höhlenlabyrinth entdeckte man über 1000 prähistorische Felsenzeichnungen, 425 davon mit Abbildungen von Pferden, Löwen, Panthern und Mammuts. Diese ältesten bekannten Meisterwerke der Menschheit wurden von Wissenschaftlern auf ein Alter von bis zu 36 000 Jahren geschätzt und sind damit älter als die von Lascaux im Périgord. Bereits ein Jahr nach ihrer Entdeckung wurde die Höhle für die Öffentlichkeit geschlossen, um die eindrucksvollen Felsbilder vor Schädigungen zu bewahren.

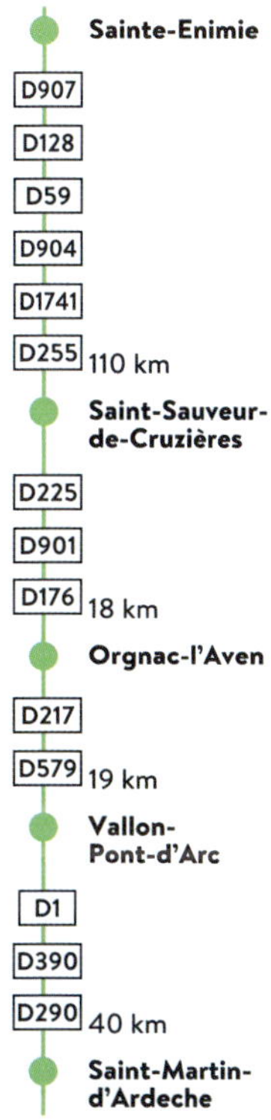

Mit der Grotte Chauvet 2 ist innerhalb von vier Jahren die bis heute weltweit größte Nachbildung einer innen bemalten Höhle entstanden. Die 2015 eröffnete Kopie ist 3500 Quadratmeter groß, gibt aber den eindrucksvollsten Teil der Originalgrotte wieder. Jede

In Saint-Martin-d'Ardèche kann man viel unternehmen und sich richtig wohlfühlen.

Felsstruktur, die Kratzspuren von Bären an den Wänden und jede Zeichnung wurde per 3-D-Lasertechnologie millimetergenau übertragen. Die Rekonstruktion ist so realistisch nachempfunden, dass der Besucher schnell vergisst, dass er sich nicht im Original befindet: Die Höhlentemperatur beträgt 15 Grad und sogar Wassertropfen perlen von der Decke – ein echtes Erlebnis. Die Führung dauert eine Stunde, deutsche Audioguides sind vorhanden.

AUF DER ROUTE DE LA CORNICHE

Schon vier Kilometer hinter Vallon-Pont-d'Arc ist die namensgebende, berühmte Brücke **Le Pont d'Arc** erreicht. Die natürliche Steinbrücke ist 60 Meter lang, 54 Meter hoch und das Fotomotiv der Gorges de l'Ardèche schlechthin. Schön ist es hier – im Fluss kann man baden, sich am großen Kiesstrand sonnen, in der Umgebung herrlich wandern und Campingplätze gibt es auch.
Die Route de la Corniche verläuft nun im Gegensatz zur Tarn-Schlucht nicht weiter unten am Fluss, sondern windet sich in Serpentinen langsam bis auf 300 Meter hinauf. Auf der insgesamt 38 Kilometer langen Panoramastraße gibt es für Wohnmobile leider wenige Parkmöglichkeiten, sodass jede sich bietende Gelegenheit genutzt werden sollte, um einen Blick in die Tiefe zu werfen. Dazu laden sogenannte Belvédères und Balcons ein und von jedem Aussichtspunkt begeistert das Panorama in dieses fantastische Naturschutzgebiet. Unten im Tal mäandert die Ardèche Kurve um Kurve durch die Schlucht, die der Fluss vor Millionen Jahren in die Kalksteinfelsen gegraben hat. Der Blick schweift über die unendlich erscheinenden Hochplateaus der Cevennen – man kann sich gar nicht sattsehen.
Saint-Martin-d'Ardèche, ein netter Urlaubsort am Ende der Route de la Corniche, bietet einen richtig schönen, breiten Sandstrand, man kann angeln, Tretboot fahren und natürlich auch Kanus, Kajaks oder SUPs mieten. Es gibt Tennisplätze, eine Minigolfanlage sowie einen Bouleplatz und eine schöne Promenade zum Bummeln und Schlemmen. Langweilig wird es hier sicherlich nicht und neben mehreren Campingplätzen steht ein Pass'Étapes-Platz (44.303839, 4.566874) zur Verfügung. Saint-Martin ist auch Kreuzpunkt der Fernwanderwege GR4 und GR42,

schön ist eine kleine Wanderung hinauf in ein bezauberndes Dörfchen, das auf der anderen Flussseite liegt

Das nahe **Aiguèze** lockt schon von Weitem mit dem wunderschönen Anblick der dort alles überragenden Festung und so überqueren wir die im Einbahnverkehr geregelte, schmale Hängebrücke. Nun befinden wir uns wieder im Département Gard und genießen auf dem weiteren Weg den Blick auf Saint-Martin und weit hinein in die Gorges de l'Ardèche. Das mittelalterliche Aiguèze gehört zum illustren Kreis der »Plus Beaux Villages de France« und thront auf einem Felsen hoch über der Schlucht. Die kopfsteingepflasterte Altstadt ist ein wahres Idyll mit versteckten Gässchen, in denen Kunstateliers, Restaurants und Cafés zu entdecken sind.

Von der einstigen Festung **Le Castelas** aus dem 12. Jahrhundert sind nur zwei Türme und ein Wehrgang erhalten geblieben, aber mit dem alten Waschhaus, dem imposanten Saint-Roch-Brunnen und der schönen Église Saint-Roch rundet sich das charmante Ambiente des Ortes zu einem historischen Juwel. Etwa 500 Meter vom Zentrum entfernt wurde lobenswerterweise ein Wohnmobilparkplatz geschaffen, auf dem man in schönster Umgebung auch übernachten darf (44.305264, 4.552669).

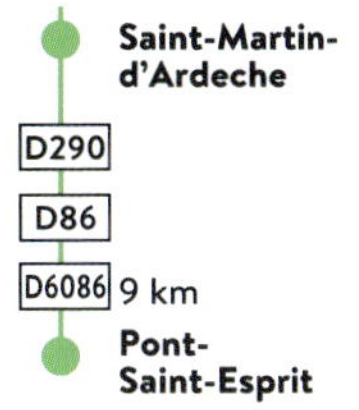

Pont-Saint-Esprit ist das Tor zur Ardèche, denn hier mündet der Fluss in die Rhône. Der offizielle Wohnmobilparkplatz liegt im Zentrum auf der Place Saint-Pierre unweit der Église Saint-Saturnin (44.259937, 4.647808). In der Nacht zu Samstag ist der Platz nicht nutzbar, da hier dann ein großer Wochenmarkt aufgebaut wird. Die 10 000 Einwohner zählende Stadt ist die letzte Station auf unserer Reise durch den Südwesten Frankreichs und aufgrund der Nähe zur Route du Soleil A7 eine ideale Übernachtungsmöglichkeit.

AUSFLUG

MAISON DE LA LAVANDE

Von der Panoramastraße biegt die D490 in Richtung Lavendelmuseum ab. Hoch über der Ardèche kann der Besucher zwischen unzähligen blau blühenden und betörend duftenden Pflanzen wandeln oder gemütlich mit dem Petit Train fahren. Im Museum erfährt man viel Wissenswertes und im Shop werden zahlreiche eigene Produkte wie ätherische Öle, Lavendelkekse, Bonbons oder Lavendeleis verkauft. Die Domaine Lavandaïs ist von Anfang April bis Ende September geöffnet, Parkplätze für Wohnmobile sind vorhanden (2200 Route des Gorges, 07700 Saint-Remèze, Tel. +33 4 75043726, lamaisondelalavande.com).

Aiguèze »Un des plus beaux villages de France«

PRAKTISCHE HINWEISE

TOURISTINFORMATIONEN

Office de Tourisme Albi
42 Rue Mariès, 81000 Albi,
Tel. +33 5 63363600,
albi-tourisme.fr

Office de Tourisme Cordes-sur-Ciel
Maison Gaugiran, 38–42 Grand Rue Raimond VII,
81170 Cordes-sur-Ciel,
Tel. +33 805 400828,
la-toscane-occitane.com

Office de Tourisme Gorges du Tarn Causses
D986, Village, 48210 Gorges du Tarn Causses,
Tel. +33 4 66450114,
cevennes-gorges-du-tarn.com

Office de Tourisme Vallon-Pont-d'Arc
16 Rue des Abeilles,
07150 Vallon-Pont-d'Arc,
Tel. +33 4 75545420,
gorges-ardeche-pontdarc.fr
Mit dem Pass'Ardèche ist der Eintritt in 35 Sehenswürdigkeiten frei, z. B. Grotte de Saint-Michel mit ihrem unterirdischen Fluss.

Office de Tourisme Saint-Martin-d'Ardèche
1 Place de l'Église, 07700 Saint-Martin-d'Ardèche,
Tel. +33 4 75545420,
gorges-ardeche-pontdarc.fr

MUSEEN/AUSFLÜGE/ ATTRAKTIONEN

Maison des Mémoires
Rue des Casernes,
81200 Mazamet,
Tel. +33 5 63615656,
maisondesmemoires.fr
Das Haus der Erinnerung ist in den Wintermonaten geschlossen.

Musée Toulouse-Lautrec
Palais de la Berbie, Place Sainte-Cécile, 81000 Albi,
Tel. +33 5 63494870,
musee-toulouse-lautrec.com
Das Museum ist das ganze Jahr geöffnet, es besteht freier Zugang zur Terrasse und in die Palastgärten.

Aven Armand
Causse Méjean,
48150 Hures-la-Parade,
Tel. +33 4 66456131,
avenarmand.com
GPS: 44.221486, 3.356896
Die Höhle ist von Anfang April bis Ende Oktober geöffnet. Es steht ein großer Parkplatz zur Verfügung, kein Übernachtungsverbot.

Grand Site Aven d'Orgnac
2240 Route de L'Aven,
07150 Orgnac-l'Aven,
Tel. +33 4 75386510,
orgnac.com
GPS: 44.318172, 4.412708
Die Höhle ist von Mitte November bis Ende Januar geschlossen, mit dem Pass'Ardèche ist der Eintritt ermäßigt. Großer Parkplatz ohne Übernachtungsverbot.

Grotte Chauvet 2
Route de Bourg St-Andéol,
07150 Vallon-Pont-d'Arc,
Tel. +33 4 75943940,
grottechauvet2ardeche.com
Die Höhle kann das ganze Jahr über besucht werden, ermäßigter Eintritt mit dem Pass'Ardèche.

STELL- UND CAMPINGPLÄTZE

C 800 **Camping-Car Park Mazamet** (S. 186 B3)
93 Rue de la Resse,
81200 Mazamet,
Tel. +33 1 83646921,
campingcarpark.com
GPS: 43.482127, 2.376138
Der gebührenpflichtige Pass'Étapes-Platz (Pass'Étapes s. Reiseinfos/Stellplätze) liegt außerorts recht idyllisch am Flüsschen L'Arnette. Ver- und Entsorgung sowie Strom und

Camping Le Pradet in La Malène

WLAN sind inklusive. Schönes Wandergebiet rundum, der Ort ist fußläufig erreichbar. Ganzjährig geöffnet.

S 801 **Aire de Camping-Car Albi** (S. 190 B5)
13 Chemin de Pratgraussals,
81000 Albi
GPS: 43.933496, 2.136268
Der kostenlose Stellplatz liegt ruhig am Sportplatz auf der dem Zentrum gegenüberliegenden Flussseite, über die Vieux Pont 20 Minuten Fußweg bis zur Kathedrale. Ver- und Entsorgung sind vorhanden, jedoch kein Strom. Ganzjährig geöffnet.

S 802 **Aire de Camping-Car Cordes-sur-Ciel** (S. 190 A4)
Parking des Tuileries,
81170 Cordes-sur-Ciel
GPS: 44.064462, 1.957986
Der gebührenpflichtige Stellplatz ist ein für Wohnmobile reservierter Teil eines Parkplatzes und liegt ruhig im Grünen unterhalb des Ortes, das Zentrum ist fußläufig erreichbar. Ver- und Entsorgung vorhanden, Strom wird mit Jetons aktiviert. Ganzjährig geöffnet.

S 803 **Camping-Car Park Millau** (S. 191 F4)
Rue du Four à Chaux,
12100 Millau,
Tel. +33183646921,
campingcarpark.com
GPS: 44.096108, 3.085753
Der gebührenpflichtige Pass'Étapes-Platz (Pass'Étapes s. Reiseinfos/Stellplätze) liegt ganz zentral in der Nähe der Tarn. Ver- und Entsorgung sowie Strom und WLAN sind inklusive. Ganzjährig geöffnet.

C 804 **Camping Canoë Gorges du Tarn** (S. 191 F3)
11 Rue de la Combe,
12640 Rivière-sur-Tarn,
Tel. +33565598517,
camping-canoe.fr
GPS: 44.185523, 3.130701
Der 4-Sterne-Campingplatz liegt direkt am Fluss inmitten einer unberührten Natur und am Eingang zur Schlucht. Mit platzeigenen Kanus können drei verschiedene Touren unternommen werden, der Transport wird organisiert. Es gibt ein Schwimmbad, Pizzeria und Snackbar sowie einen Minimarkt. Ende April bis Mitte September geöffnet.

C 805 **Camping Municipal de Brouillet** (S. 191 G3)
Brouillet, 48150 Le Rozier,
Tel. +33565626398
GPS: 44.191563, 3.204684
Der gemeindeeigene Cam-

Aire de Camping-Car Cordes-sur-Ciel

pingplatz liegt direkt am Fluss. Es gibt einen Badestrand, eine Kanu-Station sowie ein beheiztes Schwimmbad. Im Dorf sind Restaurants, Bäcker, Metzger und ein kleiner Supermarkt vorhanden. Anfang April bis Ende September geöffnet.

C 806 **Camping Municipal Le Pradet** (S. 191 G3)
D907bis, 48210 La Malène,
Tel. +33 4 66485855,
gorgesdutarn-camping.com
GPS: 44.301217, 3.318440
Der schlichte städtische Campingplatz liegt direkt am Fluss und hat einen privaten Kiesstrand. Schöner Baumbestand, in unmittelbarer Nähe sind eine große Kanu-Station, Restaurants und das Ortszentrum mit Bäcker und Metzger. Anfang April bis Ende September geöffnet.

C 807 **Camping Couderc** (S. 191 H2)
Route des Gorges du Tarn,
48210 Gorges du Tarn Causses, Tel. +33 4 66485053,
campingcouderc.fr
GPS: 44.353450, 3.401483
Der 3-Sterne-Campingplatz mit Privatstrand liegt direkt am Fluss, hat ein beheiztes Schwimmbad, Kanu-Verleih mit Abholservice, Minimarkt mit Brötchenservice sowie eine Bar. Der Platz befindet sich noch vor Sainte-Enimie. Anfang April bis Ende September geöffnet.

C 808 **Camping de la Claysse** (S. 184 C2)
D901, Le Village, 07460 Saint-Saveur-de-Cruzières,
Tel. +33 4 75354065,
campingdelaclaysse.com
GPS: 44.300922, 4.248769
Der 4-Sterne-Campingplatz liegt idyllisch am Fluss Claysse in den Cevennen. Der Platz besitzt einen schönen Pool, Bar/Restaurant und eine Kanu-Station. Das Dorf ist fußläufig erreichbar. Anfang April bis Ende September geöffnet.

C 809 **Camping-Car Park Orgnac** (S. 184 D2)
Route du Prat,
07150 Orgnac-l'Aven,
Tel. +33 1 83646921,
campingcarpark.com
GPS: 44.31353, 4.430536
Der Pass'Étapes-Platz (Pass'Étapes s. Reiseinfos/Stellplätze) ist über einen Wanderweg mit der berühmten Höhle verbunden (2 km). Der Platz liegt außerorts, das Zentrum mit Geschäften ist nach 15 Minuten erreicht. Ver- und Entsorgung sowie Strom und WLAN sind inklusive. Ganzjährig geöffnet.

S 810 **Aire Camping-Car Vallon-Pont-d'Arc** (S. 184 D2)
130 Chemin du Chastelas,
07150 Vallon-Pont-d'Arc,
Tel. +33 4 75880064,

GPS: 44.405170, 4.396789
Der offizielle, gebührenpflichtige Stellplatz für 30 Mobile liegt am Ortsrand, das Zentrum mit Geschäften und Restaurants ist in unmittelbarer Nähe. Ver- und Entsorgung sowie zwei Stromsäulen und WC sind vorhanden, Parkscheinautomat. Ganzjährig geöffnet.

C 811 Camping de l'Ardèche (S. 184 D2)
100 Chemin de la Plage,
07150 Salavas,
Tel. +33 4 75880473,
campingdelardeche-vallon-pontdarc.com
GPS: 44.397372, 4.382962
Der 3-Sterne-Campingplatz mit Privatstrand liegt direkt am Fluss und ist 800 m vom Ortszentrum entfernt. Es gibt einen schönen Baumbestand, Imbiss, eine Kanu-Basis ist anbei. Ende März bis Ende September geöffnet.

C 812 Camping du Midi
(S. 184 D2)
5562 Route des Gorges de l'Ardèche, 07150 Vallon-Pont-d'Arc, Tel. +33 4 75880678,
camping-ardeche-midi.fr
GPS: 44.376535, 4.421324
Der 3-Sterne-Terrassencampingplatz liegt direkt am Fluss, 400 m von der berühmten Brücke entfernt. Schöner Sandstrand, Kanu-Verleih mit Transport, Minimarkt in 100 m Entfernung, Snackbar. Anfang April bis Anfang Oktober geöffnet.

C 813 Camping La Révire
(S. 185 E2)
585 Grange de Tabion,
07700 Saint-Martin d'Ardèche,
Tel. +33 4 75987114,
campinglarevire.com
GPS: 44.303658, 4.562087
Der kleine schlichte Campingplatz liegt in Flussnähe, wo es einen breiten Strand und Bademöglichkeit gibt, das Zentrum ist 250 m entfernt. Am Platz befindet sich das Sportbistro des Tennisclubs, Brötchenservice. Anfang April bis Ende September geöffnet.

Camping La Revire in Saint-Martin-d'Ardèche

↑ Camping-Car Park Mazamet

↓ Camping-Car Park Orgnac

Fahrt auf der Route de Corniche weit oberhalb der Gorges d'Ardèche – ein Erlebnis!

REISEINFOS VON A BIS Z

Eine gute Vorbereitung hilft, damit der Urlaub entspannt wird und es auch bleibt. Daher finden Sie auf den folgenden Seiten nützliche Tipps für Ihre Wohnmobilreise.

Das imposante Viaduc de Millau ist die höchste Autobahnbrücke der Welt.

AUTOBAHNGEBÜHREN/MAUT

Um in Frankreich bei der An- und Abreise größere Strecken stressfrei zu bewältigen, ist die Benutzung der mautpflichtigen Autobahnen unerlässlich. Außer rund um die Ballungsräume größerer Städte sind die Autobahnen gebührenpflichtig, dafür aber sehr gut ausgebaut und relativ wenig befahren. An jeder Ausfahrt gibt es eine Mautstelle bzw. auf der Autobahn auch dort, wo der Zuständigkeitsbereich des einen Betreibers endet und der des nächsten Unternehmens beginnt. Es kann nach wie vor am Mauthäuschen mit Bargeld bezahlt werden, teilweise werden die Münzen in einen Auffangtrichter geworfen. Alle Mautstellen, ob mit oder ohne Personal, akzeptieren, auch für die kleinsten Beträge, Kredit- oder Debitkarten.

Mautstellen bedeuten: anstellen, warten und hoffen, dass es keine Probleme gibt. Zum stressfreien und zeitsparenden Reisen sollte man sich mit dem System des Télépéage vertraut machen, das in Frankreich auch für Ausländer problemlos möglich ist. Mittels einer kleinen Box, innen an der Windschutzscheibe angebracht, wird beim Durchfahren der Zahlstelle die Maut ausgelöst – einfach, schnell und problemlos. Der Aufwand beschränkt sich auf das rechtzeitige Bestellen der Box Bip & Go im Internet, deren Versand bis zu einer Woche dauern kann. Auf der Seite bipandgo.com wird in deutscher Sprache alles verständlich erklärt. Die Box kostet 10 € (inklusive Inbetriebnahme), es fallen 10 € Versandkosten und 1,70 € Gebühr je verwendetem Monat an. Entsprechend der gefahrenen Strecke wird die fällige Maut per Einzug vom Girokonto oder einem Kreditkartenkonto abgebucht. Dieses »Bip & Go«-Zahlsystem ist mittlerweile auch in Spanien, Portugal und Italien sowie an 800 Großraumparkplätzen (z. B. Flughafen Paris) und auf einigen Fähren einsetzbar. Für Fahrzeuge über 3,5 t ist der Einsatz einer GO-Box, ähnlich dem System in Österreich, verpflichtend.

CAMPINGPLÄTZE

Frankreich ist ein überaus campingbegeistertes Land. Nirgendwo sonst wird der Urlauber so viele Campingplätze antreffen, denn die Tradition des Camping Municipal kennt nur der Franzose. Hierbei handelt es sich um kommunale Campingplätze, die von den Gemeinden zur Verfügung gestellt und auch gepflegt werden. Die Plätze sind meist sehr schön gelegen, einfach gehalten und zeichnen sich durch ein gutes Preis-Leistungs-Verhältnis aus. Oft kann man diese Plätze nicht online buchen oder Reservierungen vornehmen. Auch sind die Campingplätze selten in den großen Campingplatz-Führern verzeichnet. Mittlerweile sind fast alle der 2000 französischen Plätze auf zwei Internetseiten, nach Region und Département geordnet, aufgelistet: www.campingfrance.com (Stichwort »Municipal« eingeben) und www.camping-municipal.org.

DIEBSTAHL

Leider kommt es immer mal wieder vor, dass der Wohnmobilist Opfer eines Einbruchs oder Diebstahls wird. In jedem Fall sollte man den Vorfall bei der Polizei zur Anzeige bringen. Es gibt einige Vorsichtsmaßnahmen, die das Risiko verringern:
Auf Parkplätzen bei bekannten Sehenswürdigkeiten unbedingt ganz offensichtlich Handtasche, Rucksack, Handy, Kamera usw. mitnehmen, um zu signalisieren, dass keine Wertgegenstände mehr im Fahrzeug sind.
Die Rollläden herunterlassen, um den Einblick in das Wohnmobil zu verhindern, und eventuell noch das Radio anstellen, damit der Eindruck entsteht, dass noch jemand im Auto ist.
Niemals auf Autobahnraststätten gemeinsam das Wohnmobil verlassen, denn hier ist das Aufbruchsrisiko am größten. Zum Übernachten die Autobahn verlassen und besser einen kleinen Parkplatz aufsuchen.

DIPLOMATISCHE VERTRETUNGEN

Botschaft der Bundesrepublik Deutschland
28 Rue Marbeau, 75116 Paris,
Tel. +33 1 53834500, paris.diplo.de
Österreichische Botschaft Paris
6 Rue Fabert, 75007 Paris,
Tel. +33 1 40633063, bmeia.gv.at
Botschaft der Schweiz in Paris
142 Rue de Grenelle, 75007 Paris,
Tel. +33 1 49556700, eda.admin.ch

EINKAUFEN

Das Preisniveau in Frankreich ist wesentlich höher als in Deutschland. Dies betrifft auch Kosmetikartikel, sodass es ratsam ist, solche persönlichen Dinge in ausreichender Anzahl dabeizuhaben. Lebensmittel wie Fisch, Fleisch und Gemüse, aber auch die guten

Fahrradtour in den Cevennen

französischen Weine sollte man unbedingt vor Ort erwerben, denn das Probieren und Genießen landesspezifischer Speisen und Getränke gehört zu den schönsten Erlebnissen eines jeden Auslandsaufenthaltes.
Der Franzose legt großen Wert auf Frische und Qualität und kauft auch gerne in den geliebten Markthallen (*halles* oder *marché couvert*) oder auf regionalen Wochenmärkten, die in fast jedem noch so kleinen Ort abgehalten werden. Während in den Innenstädten vor allen Dingen Boutiquen, Souvenirgeschäfte und Delikatessenläden zu finden sind, haben sich die großen Supermarktketten wie Intermarché, Leclerc oder SuperU am Ortsrand oder in Industriegebieten angesiedelt. Dort findet man auch meistens Tankstellen sowie Servicestationen für das Wäschewaschen und Trocknen vor.

Felstunnel in der Gorges du Tarn

EINREISEBESTIMMUNGEN

Frankreich ist Mitglied der Europäischen Union und seit dem Abkommen von Schengen 1985 gibt es keine Grenzkontrollen mehr. Trotzdem muss der Reisende damit rechnen, dass aufgrund besonderer Vorkommnisse stichprobenweise kontrolliert wird. Ein gültiger Personalausweis oder Reisepass (Kinder benötigen einen eigenen Kinderausweis), der nationale Führerschein und der Kfz-Schein müssen, wie in Deutschland auch, immer mitgeführt werden. Mit dem grünen Versicherungsschein und dem europäischen Unfallprotokoll hat man darüber hinaus noch einen nützlichen Nachweis im Falle eines Unfalls.

ELEKTRIZITÄT

Obwohl in Frankreich 230 Volt und auch der genormte CE-Stecker üblich sind, benötigt der Wohnmobilist vor allen Dingen auf Camping- und Stellplätzen oft eine andere Anschlussart. Universal-Adapter, die es in Deutschland preiswert in jedem Bau markt oder bei Campingausrüstern zu kaufen gibt, sollte man also unbedingt an Bord haben.

FEIERTAGE

Neben den in Europa einheitlichen Feiertagen wie Ostern, 1. Mai oder Weihnachten gibt es in Frankreich drei landesspezifische Festtage:
8. Mai – die *Fête de la Victoire* feiert das Ende des 2. Weltkrieges.
14. Juli – der Nationalfeiertag ist das wichtigste Fest im Jahr. Der Tag erinnert an den Sturm auf die Bastille in Paris im Jahr 1789, mit dem die Französische Revolution begann. Dieser Tag wird überall im Land mit großen Feuerwerken beschlossen.

11. November – 1918 wurde an diesem Tag der 1. Weltkrieg mit dem Waffenstillstand von Compiègne beendet.
An diesen gesetzlichen Festtagen sind Geschäfte, Banken, aber auch viele Sehenswürdigkeiten geschlossen.

GASVERSORGUNG

Das Befüllen deutscher Gasflaschen ist in Frankreich nicht erlaubt. Deshalb sollte der Wohnmobilist immer zwei volle 11-kg-Gasflaschen im Fahrzeug haben. Solange nicht durchgehend geheizt wird, reicht dies für einen normalen Urlaub völlig aus. Sollte einmal die Versorgung nicht mehr gewährleistet sein, kann man zum Beispiel bei der Supermarktkette E.Leclerc im Bereich der Tankstelle eine lilafarbene 11-kg-Propangasflasche erwerben, deren Anschluss ohne zusätzlichen Adapter möglich ist. Diese Flasche wird allerdings in Deutschland wiederum nicht ausgetauscht und kann somit nur in Frankreich zurückgegeben werden. Ansonsten sind Adapter für den Anschluss notwendig, die man sicherheitshalber dabeihaben sollte. Im Vorfeld eines längeren Frankreichurlaubs sollte man die Möglichkeit des LPG-Gasflaschentanks als Festeinbau überdenken.

GELDFRAGEN

Frankreich gehört zu Europa und somit ist der Euro das Zahlungsmittel. Für das bargeldlose Zahlen ist hier die Carte Bleue am meisten verbreitet, gefolgt von Kreditkarten wie Visa, Mastercard usw. Grundsätzlich fallen beim Abheben von Bargeld an den Bankautomaten nicht unerhebliche Gebühren an. Bei Verlust einer Debit-/Giro-/Kredit- oder SIM-Karte gibt es für Kartensperrungen eine deutsche Zentralnummer. Daher vor Reiseantritt klären, ob die Hausbank, das Kreditkartenunternehmen oder der Mobilfunkanbieter diesem Notrufsystem angeschlossen ist. Nach der telefonischen Sperrung sind die Karten für das Bezahlen mit der PIN gesperrt, nicht aber für das Bezahlen mittels Lastschriftverfahren mit Unterschrift. Daher sollte man unbedingt den Verlust bei einer Polizeistelle zur Anzeige bringen, denn nur so ist gewährleistet, dass der Geschädigte auftretende Ansprüche zurückweisen kann. In Österreich und der Schweiz gibt es keine zentrale Sperrnummer. Man kann sich als Besitzer einer in diesen Ländern ausgestellten Karte nur beim Kreditinstitut über einen speziellen Sperrnotruf informieren. Die wichtigsten Daten einer Karte, wie Kartennummer, Ausstellungsdatum, Gültigkeitsdatum sowie die Prüfziffer, sollte man sicher notiert haben.
Deutscher Sperrnotruf: +49 11 61 16 oder +49 30 40 50 40 50
Weitere Infos: kartensicherheit.de, sperr-notruf.de

5*Camping Les Criques de Porteils

HAUSTIERE

Bei der Mitnahme der geliebten Vierbeiner müssen einige Vorgaben beachtet werden. Tiere, die jünger als drei Monate sind, dürfen

Schnorcheln an der Côte Vermeille

nicht einreisen. Der Hund muss mittels Mikrochip identifizierbar sein und einen europäischen Impfpass besitzen. Die Impfungen dürfen nicht älter als ein Jahr sein und nicht jünger als einen Monat. Tollwutimpfungen sind in Frankreich drei Jahre gültig. Die Definition der Kampfhunde ist in Frankreich strenger als in Deutschland. Hier muss man sich im Vorfeld erkundigen. Einige Campingplätze haben eigene Einstufungen bzw. akzeptieren Tiere nur in der Nebensaison.

INFORMATIONEN

In der Hauptreisezeit sind die Fremdenverkehrsbüros *Office de Tourisme* täglich geöffnet, in der Nebensaison sind die Öffnungszeiten stark eingeschränkt. Der Besucher bekommt hier meist kleine kostenlose Stadtpläne oder Regionalkarten mit Informationen z. B. zu Sehenswürdigkeiten, teilweise auch in deutscher Sprache. Detailliertes Kartenmaterial für Wander- oder Fahrradtouren ist oft kostenpflichtig. Auch geführte Touren oder Konzertbesuche lassen sich in den Fremdenverkehrsbüros buchen. Ebenfalls erhält man Auskunft zu Ärzten oder Reparaturwerkstätten. Gute deutschsprachige Informationen findet man im Internet unter france-voyage.com sowie frankreich-mobil-erleben.de. Bei der Vorbereitung einer Reise kann man sich auch bei den Geschäftsstellen der Automobilclubs wie ADAC, ÖAMTC in Österreich und ACS in der Schweiz beraten lassen.

KARTENMATERIAL

In diesem Reiseführer sind die Übersichtskarte sowie die einzelnen Routenkarten abgebildet. Für den persönlichen Gebrauch seien aber noch die Straßenkarten von Michelin empfohlen: Cevennen 338, Languedoc 339, Provence/Côte d’Azur 340, Französische Seealpen 341, Baskenland/Pyrenäen 342, Pays de Foix 343, Roussillon 344. In Frankreich wurden vor einigen Jahren die Straßennummerierung und die Bezeichnungen geändert. Aus Nationalstraßen (N) wurden großflächig Départementstraßen (D) bei gleichzeitiger Veränderung der Bezifferung. Dies führt bei älteren Karten zwangsläufig zu Missverständnissen.

MEDIZINISCHE VERSORGUNG

Die Versorgung bei Krankheit entspricht dem europäischen Standard. Auch in Frankreich gibt es Vertragsärzte und Ärzte mit freier Honorargestaltung (Privatpraxen). Mit der Einführung der EU-Krankenversicherungskarte sind die Notfallversorgung sowie die Weiterbehandlung chronischer Erkrankungen gesichert. Die Behandlungen und Medikamente müssen in der Regel vor Ort bezahlt werden und können danach mit der eigenen Krankenkasse unter Zugrundelegung des deutschen Regelsatzes abgerechnet werden. Ob eine Auslandskrankenversicherung nötig ist, sollte jeder individuell mit der eigenen Krankenkasse klären. Meist wird die Zusatzversicherung verlangt, wenn der Aufenthalt in Frankreich länger als zwei Monate dauert. Für Reisende aus der Schweiz ist eine Auslandskrankenversicherung dringend zu empfehlen. Apotheken (*Farmacie*) erkennt man an einem grünen Kreuz, das während der Öffnungszeiten dauerhaft blinkt.

NAVIGATION

Die Grundpfeiler eines jeden Navigationssystems ist die digitale Straßenkarte, die Routenplanungs- und Zielführungssoftware sowie die Positionsbestimmung mittels GPS. Die GPS-Daten in diesem Reiseführer sind in Dezimalgrad angegeben. Falls ein Minus zwischen den Zahlenblöcken steht, muss dieses zwingend eingegeben werden, um das Ziel zu erreichen. Grundsätzlich sollte der Fahrer den Angaben seines Navis nicht blind vertrauen. Gesunder Menschenverstand, ein gewisser Blick für die Topografie sowie das Studieren der guten alten Straßenkarte verhindert unangenehme Situationen. Das normale Navigationsgerät kennt die Ausmaße des Wohnmobils nicht und schickt den Fahrer eventuell in zu enge Gassen oder durch Unterführungen, die nicht hoch genug sind.

ÖFFNUNGSZEITEN

In den meisten Badeorten herrscht Saisonbetrieb, dann sind die Geschäfte auch sonntagvormittags offen. Außerhalb der

Malerische Kanutouren kann man in den Gorges de l'Ardèche erleben.

Wochenmärkte findet man in jedem Ort.

Hauptreisezeit muss der Reisende mit stark eingeschränkten Öffnungszeiten rechnen bzw. mit gänzlich verschlossenen Türen. In der Mittagspause von 12 bis 14 Uhr steht das geschäftliche Leben in Frankreich oft still, dann herrscht nur in Cafés, Bistros und Restaurants Betrieb. Die Gastronomie schließt für den Nachmittag, um abends ab 19 Uhr erneut zu öffnen. Bei dem Besuch von Museen und sonstigen Sehenswürdigkeiten kann der Reisende davon ausgehen, dass diese sonntags den ganzen Tag geöffnet sind, dafür aber meist montags geschlossen haben.

PANNE/UNFALL

Hierbei gelten in Frankreich die gleichen Bestimmungen wie in Deutschland: Fahrzeug verkehrssicher abstellen, Warnblinker einschalten, Warnweste anziehen, Warndreieck aufstellen. Den Pannendienst erreicht man unter der europäischen Nummer 112. Auf den Autobahnen oder Schnellstraßen sind in regelmäßigen Abständen Notrufsäulen installiert. Die Tarife für Abschleppen oder Reparatur variieren je nach Zeit und Wochentag. Auf der Internetseite des französischen Automobilclubs ASFA (autoroutes.fr) sind die Tarife hinterlegt. Ansonsten hilft der Anruf beim jeweiligen Automobilclub des Herkunftslandes. Weiterhin enthält das Bordhandbuch des Wohnmobils, das immer dabei sein sollte, eine Liste vieler Wohnmobilservicepartner im jeweiligen Urlaubsland. Vor der Abreise sollte man die grüne Versicherungskarte des eigenen Versicherers anfordern. Ebenso ist ein Blanko-Euro-Unfallbericht hilfreich. Bei einem Unfall ohne Personenschäden kommt in Frankreich keine Polizei, deshalb sollten die Unfallgegner selbst Fotos machen und Papiere sowie Berichte abfotografieren – und niemals ein Schuldanerkenntnis unterschreiben!

PARKEN/RASTEN

Ein Standard-Wohnmobil ist rechtlich gesehen ein Pkw mit Sonderaufbau. Somit kann man überall parken, wo der fließende Verkehr nicht behindert wird, es sei denn, dass

dies ausdrücklich verboten ist. Die weißen Linien zeigen vorgesehene Parkplätze an. Der Bürgersteig darf in Frankreich nicht, auch nicht teilweise, zum Parken genutzt werden. Bei den blau markierten Flächen ist das Parken kostenlos. Durchgezogene gelbe Linien bedeuten ein absolutes Halteverbot. Eine gelb gestrichelte Linie weist auf ein Parkverbot hin. Ebenso das in geschlossenen Ortschaften aufgestellte Schild mit dem durchgestrichenen P.
Das einmalige Übernachten zur Wiederherstellung der Fahrtüchtigkeit wird auch in Frankreich geduldet, solange kein campingartiges Verhalten an den Tag gelegt wird. Dies kann schon beim Öffnen der Fenster oder beim Ausbringen von Auffahrkeilen der Fall sein. Rast-/Parkplätze sind an dem Schild »Aire de ...« zu erkennen. Aus Gründen der eigenen Sicherheit sollte man auf Autobahnrastplätzen niemals (!) übernachten.

REISEZEIT

Die Reisesaison beginnt an der Côte d'Azur schon im Februar zur Faschingszeit und während der Mimosenblüte. Hier herrscht das ganze Jahr über ein mildes Klima, denn auch im Winter fallen die Temperaturen nicht unter 10 Grad Celsius. Die Seealpen im Hinterland halten die Kälte aus dem Norden fern, gleichzeitig speichert das Gebirge die warme Mittelmeerluft. Dabei scheint die Sonne rund 300 Tage im Jahr, was die französische Riviera zusätzlich zu einem beliebten Reiseziel macht. Die beste Reisezeit für die westliche französische Küste besteht von Mai bis Ende September, da in dieser Region eher der Badeurlaub im Fokus steht und dann wirklich alle Campingplätze geöffnet sind. Die Hauptreisezeit in Frankreich liegt zwischen dem 10. Juli und dem 15. August, sodass der Urlauber für diese Zeit unbedingt eine rechtzeitige Reservierung vornehmen sollte. Stellplätze können in der Regel nicht reserviert werden, deshalb empfiehlt es sich, am frühen Nachmittag anzureisen.

SICHERHEIT

Frankreich zählt eigentlich zu den sicheren Ländern in Europa, der Urlauber muss allerdings speziell in Südfrankreich leider mit einer erhöhten Kriminalitätsrate rechnen und entsprechend vorsichtig sein. Wer trotzdem Opfer eines Diebstahls oder Einbruchs geworden ist, sollte den Vorfall unbedingt bei der Polizei zur Anzeige bringen und sich ein amtliches Protokoll aushändigen lassen. Bei dem Verlust von Ausweis, Fahrzeugpapieren oder Kreditkarten ist ein polizeiliches Protokoll sowieso notwendig, damit die Botschaft Ersatzpapiere ausstellen kann. Es ist ratsam, vor Reiseantritt nicht nur alle persönlichen Dokumente zu fotografieren oder zu kopieren, sondern als Nachweis auch alle wertvollen Gegenstände wie Schmuck oder Fahrräder abzulichten.
Die wichtigsten Notrufnummern in Frankreich sind:
Polizei (*Gendarmerie*) 17
Feuerwehr (*Pompiers*) 18
Notruf (*SAMU*) 15
Pannenhilfe 13

»Walk of Fame« in Cannes
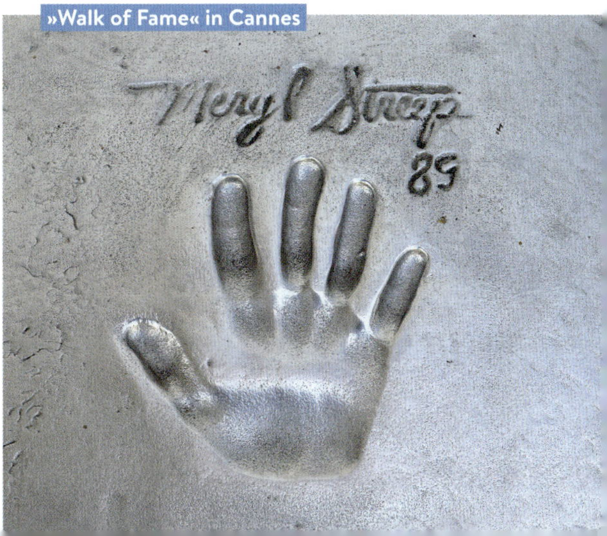

Auskunft 12
ADAC Auslands-Notruf (ADAC Pannenhilfe Europa) +49 89 22 22 22 (deutschsprachig, rund um die Uhr besetzt)
ADAC Ambulanzservice +49 89 76 76 77 (deutschsprachig, rund um die Uhr besetzt)
ÖAMTC Schutzbrief-Nothilfe +43 1 251 20 00
ACS Assistance-Nummer Schweiz +41 44 283 33 77

STELLPLÄTZE

Die in diesem Reiseführer beschriebenen Stellplätze sind echte Stellplätze mit zumindest Ver- und Entsorgung. Strom jedoch ist nicht überall vorhanden und in der Beschreibung entsprechend vermerkt. Die in den jeweiligen Stadtbeschreibungen angegebenen GPS-Daten beziehen sich auf Parkmöglichkeiten, wo das Übernachten aber teilweise geduldet wird. Wildes Campen (*camping sauvage*) ist, wie in Deutschland auch, in Frankreich verboten. Das Parken, soweit kein Nachtparkverbot besteht, berechtigt zum einmaligen Übernachten im Fahrzeug.

Stellplatz in Leucate-Plage

Wildes Campen wird durch das Benutzen von Unterlegkeilen, das Ausfahren der Markise, das Aufstellen von Tisch und Stühlen, das Benutzen des Grills etc. ausgelöst. In der Hauptsaison sollte sich der Urlauber danach richten, denn es wird kontrolliert.
Manche Stellplätze (*Aire de Camping-Car*) gehören dem privaten Unternehmen Pass'Étapes, das in ganz Frankreich vertreten ist. Die Plätze sind alle mit Ver- und Entsorgung, Wi-Fi sowie Strom und Wasser ausgestattet, was im Preis enthalten ist. Pass'Étapes funktioniert nach dem Geldkartensystem, d. h. die Karte wird je nach Bedarf pro Stellplatzgebühr oder vorab mit einer größeren Summe aufgeladen. Die Karte ist am Automaten für z. Zt. 5 € zu erwerben, dafür geht man folgendermaßen vor: Sprache wählen, im oberen rot unterlegten Bereich Pass'Étapes drücken, die Anzahl der Tage auswählen und die zu bezahlende Summe bestätigen. Nun noch die Handynummer eintragen und bestätigen. Im zweiten Schritt werden der Name und die Zahlungsart (Debit- oder Kreditkarte) eingegeben: die Karte in den dafür vorgesehenen Schlitz einführen, PIN eingeben und bestätigen. Der Automat gibt dann die Pass'Étapes-Karte und eine Quittung der abzurechnenden Summe aus. Diese Quittung enthält einen Barcode, der an den Scanner gehalten wird, wodurch sich die Schranke öffnet. Die einmal erworbene Mitgliedskarte mit den hinterlegten Daten kann immer wieder eingesetzt werden.
Pass'Étapes hat unter dem Namen »Pack'Privilèges« mittlerweile ein Reservierungsportal eingerichtet, das 29 Euro für ein Jahr kostet und sich automatisch verlängert. Die Stellplatzreservierung beginnt mit der Uhrzeit der jeweiligen Buchung und endet um 12 Uhr des nächsten Tages. Achtung: Sollten Sie noch vor Mittag an einem teilweise freien Pass'Étapes-Platz eintreffen und auf dem Display an der Schranke erscheint die Infor-

Im Austernpark in Leucate-Plage werden frische Austern und Muscheln verkauft.

mation »Besetzt«, dann werden die Reservierungen um Punkt 12 Uhr aufgehoben und die Zufahrt ist wieder möglich.
Unter dem Namen France Passion haben sich in Frankreich über 2000 Winzer und Bauern zusammengeschlossen, die 24-Stunden-Stellplätze auf ihren Höfen anbieten. Das Buch mit der Auflistung der teilnehmenden Höfe wird jedes Jahr neu aufgelegt und über das Internet vertrieben. Mittels der Jahreskarte kann der Gast alle angebotenen Serviceleistungen der Höfe kostenlos nutzen. Auf diesen Plätzen hat der Urlauber oft die Möglichkeit, Hofspezialitäten zu verkosten oder zu erwerben. Allerdings ist dies kein Muss.

TANKEN

Wer die Chance hat, an einer Tankstelle der großen Supermarktketten SuperU, Leclerc oder Intermarché den Tank aufzufüllen, sollte dies tun, da freie Tankstellen meist deutlich teurer sind. In Frankreich werden die Spritpreise einmal wöchentlich festgelegt und variieren somit nicht täglich. Der Kraftstoff entspricht den EU-Normen, Kraftstoffsorten sind:
Gazole (Diesel)
Benzine sans plomb SP (Benzin)
SP98 (Super Plus)
SP95 (Super)
E10 & SP95 (Super E10)

TELEFON/INTERNET

Die französische Landesvorwahl ist +33. Bei Anrufen aus dem Ausland entfällt die 0 der Rufnummer. Bei Telefonaten innerhalb Frankreichs wird immer die komplette Nummer inklusive der Ortsvorwahl gewählt. Telefonieren im Auto ist nur mit Freisprechanlage erlaubt!
Seit der europaweiten Abschaffung der Roaminggebühren kann jeder Smartphonebesitzer ohne zusätzliche Kosten telefonieren oder im Internet surfen, solange das eigene Datenvolumen ausreicht. Beim Streaming von Musik und Filmen ist der Verbrauch sehr hoch. Den Zugang ins Internet über

Blick über die Bucht von Saint-Tropez

WLAN lassen sich in Südfrankreich leider immer noch viele Campingplätze zusätzlich bezahlen. Allerdings ist die Verbindung zumeist nur in der Nähe der Rezeption gegeben. Ein mobiler Router oder WLAN-Verstärker schafft hier Abhilfe. Wer nicht dauerhaft online tätig sein muss, kann auch die kostenlosen Verbindungsmöglichkeiten zum Beispiel von Rathäusern, Fremdenverkehrsbüros oder Restaurantketten nutzen.

UMWELTPLAKETTE

In Frankreich gibt es die Besonderheit der Umweltplakette, Crit'Air-Vignette genannt (offiziell *Certificat qualité de l'air*). Diese Plakette ist zwingend erforderlich für verschiedene Städte wie Paris, Lyon oder Straßburg und es werden immer mehr. Seit dem Jahr 2020 sind 15 dauerhafte Umweltzonen eingerichtet worden, die auf Straßenschildern am Ortseingang vermerkt sind. Ohne entsprechende Umweltplakette droht eine Strafe von bis zu 385 Euro. Um während der Reise unabhängig zu sein, sollte sich der Urlauber die Plakette vor Reiseantritt besorgen. Sie ist gegen eine geringe Gebühr beim französischen Umweltministerium (certificat-air.gouv.fr) erhältlich, alle anderen Anbieter sind meist teurer. Die Bearbeitungszeit liegt bei rund sieben Tagen.

VERKEHRSREGELN

Frankreich hat ein sehr gut ausgebautes Straßenverkehrsnetz. Die Nationalstraßen (N) sind oft vierspurig und führen meist um Ortschaften herum. Die Département-Straßen (D) verlaufen auch durch die Orte hindurch und zeichnen sich durch besonders häufigen Kreisverkehr aus (Achtung: Blinker setzen beim Ausfahren!).

In den Ortschaften wurden in den letzten Jahren vermehrt Schilder aufgestellt, die das Befahren jenseits der 3,5-t-Grenze verbieten, dies gilt allerdings nur für den gewerblichen Lkw-Verkehr. Solange kein zusätzliches Verbotsschild »Aux Camping-Cars« angebracht ist, gilt laut neuester Regelung das Einfahrtsverbot nicht für Wohnmobile mit einem Zu-

lassungsgewicht von über 3,5 t. Diese Fahrzeuge dürfen bis zum Camping-/Stellplatz fahren, den Ort aber nicht durchfahren.
Bei Überschreiten festgelegter Höchstgeschwindigkeiten sind die Geldbußen deutlich höher als in Deutschland. Es gilt für Fahrzeuge bis 3,5 t:
mautpflichtige Autobahnen: 130 km/h, bei Nässe 110 km/h
Route National vierspurig: 110 km/h, bei Nässe 100 km/h
Route National zweispurig: 90 km/h, bei Nässe 80 km/h
innerhalb geschlossener Ortschaften: 50 km/h
Geschwindigkeitsbegrenzung für Fahrzeuge und Gespanne mit zulässigem Gesamtgewicht über 3,5 t:
mautpflichtige Autobahn: 90 km/h
Landstraßen: 80 km/h
innerhalb geschlossener Ortschaften: 50 km/h
In diesem Zusammenhang sei erwähnt, dass das zulässige Gesamtgewicht vieler Wohnmobile vor allen Dingen bei Reiseantritt häufig überschritten wird, eine Gewichtskontrolle wird stichprobenartig vorgenommen.
Weiterhin herrscht für alle Fahrzeuginsassen Gurtpflicht, das Telefonieren während der Fahrt ist verboten und die Promillegrenze von 0,5 gilt auch in Frankreich. Es herrscht, wie in Deutschland, Warnwestenpflicht.
Eine besondere Regelung betrifft Fahrradfahrer: Außerhalb geschlossener Ortschaften müssen alle Radfahrer bei Nacht, in der Dämmerung und tagsüber bei schlechten Sichtverhältnissen (Nebel, Regen) eine Warnweste in Neongelb tragen. Bei Zuwiderhandlungen droht ein Bußgeld von 35 €.

VER- UND ENTSORGUNG

Die Camping- und Stellplatzdichte in Frankreich sucht in Europa ihresgleichen, sodass die Ver- und Entsorgung in der Regel kein Problem darstellt. Die Sanitärstationen sind meist so installiert, dass sie auch für denjenigen nutzbar sind, der hier nicht übernachten will. Für einen geringen Eurobetrag (immer genügend Münzgeld im Fahrzeug haben!) oder mit Jetons aus benachbarten Tankstellen oder Geschäften ist die Versorgung somit problemlos möglich. Um jederzeit den Wasservorrat auffüllen zu können, dürfen allerdings einige wichtige Utensilien in einem Wohnmobil niemals fehlen: eine 10-Liter-Gießkanne, ein Gartenschlauch von mindestens 8 m Länge und Anschlüsse für ½ und ¾ Zoll. Es hat sich auch bewährt, einen Gummianschluss dabeizuhaben, den man einfach über den Wasserhahn schiebt und der in jedem Bauhaus oder bei jedem Campingausrüster zu erwerben ist.
Die Rastplätze der in Frankreich privat betriebenen Autobahnen sind bestens ausgestattet und bieten oft Ver- und Entsorgung für Wohnmobile an. Beim Befüllen mit Frischwasser sollte man darauf achten, den Frischwasserschlauch zu nehmen und nicht den Schlauch, der für die Reinigung von

Stellplatz an der Marina in Palavas-les-Flots

Fontaine du Roi René in Aix-en-Provence

WC-Kassetten benutzt wird. Leider sind die Wasserhähne oftmals direkt beieinander. Bakterien schwimmen auch gegen den Strom!
Weiterhin ist die Anzahl der Supermärkte mit Womo-Service in den letzten Jahren stetig gestiegen. Man hat erkannt, dass der damit angesprochene Wohnmobilist auch gleich noch tankt oder einkaufen geht. Aber auch in vielen Gemeinden wird man immer wieder ein blaues Schild entdecken, auf dem ein Wohnmobil mit Entsorgungszeichen abgebildet ist. Im Gegensatz zu Grauwasser darf der Inhalt von Chemietoiletten niemals in einen normalen Wasserkanal entleert werden. Die Tatsache, dass so mancher Wohnmobilist seine Entsorgung verantwortungslos in der freien Natur vornimmt, hat leider zum schlechten Image des Wohnmobiltourismus beigetragen.
Die Versorgung mit Strom ist eigentlich nur auf Campingplätzen gewährleistet. Stellplätze bieten meist nicht für jede Parkbucht eine Stromsäule an und der Preis für die Kilowattstunde ist oft sehr hoch.
Hat man eine geteilte Gasanlage an Bord, d.h. eine normale Gasflasche und einen LPG-Gastank, so kann nur der Gastank an fast allen Tankstellen aufgefüllt werden. Das Befüllen einer normalen Gasflasche ist in Frankreich strengstens verboten.

ZOLL

Auch wenn in der Europäischen Union seit 1993 der Zoll für Privatpersonen abgeschafft wurde, so muss zeitweise doch mit stichprobenartigen Kontrollen gerechnet werden. Für EU-Bürger wurden für den privaten Gebrauch folgende Maximalmengen festgelegt: 800 Zigaretten, 200 Zigarren, 1000 g Schnitttabak, 110 l Bier, 90 l Wein oder 20 l Spirituosen unter 22 Vol.-%, max. 10 l mit höherem Volumengehalt und 10 kg Kaffee. Alle Mengen oberhalb dieser Grenzwerte gelten als gewerblich.
Für Nicht-EU-Bürger, z. B. Reisende aus der Schweiz, gelten verminderte Werte: Einkäufe für den persönlichen Bedarf oder Geschenke bis max. 300 €, 200 Zigaretten, 50 Zigarren, 250 g Tabak, 2 l Wein oder 2 l Spirituosen unter 22 Vol.-% und 1 l darüber, 4 l Wein, 16 l Bier, 500 g Kaffee und 100 g Tee. Alle Mengen darüber müssen verzollt werden.

Les 9 Écluses de Fonseranes
am UNESCO Weltkulturerbe
Canal du Midi in Béziers

Aiguèze – eines der schönsten Dörfer Frankreich liegt an der Gorges d'Ardèche.

PACK- UND CHECKLISTEN

Von Küchenutensilien bis hin zu Werkzeug oder Reiseapotheke: Einige Dinge sollten an Bord des Wohnmobils nicht fehlen.

CAMPING-PACKLISTE

ALLGEMEIN

DIE BORDAPOTHEKE

- ◯ Persönliche Medikamente und Salben
- ◯ Sonnenschutz und After-Sun
- ◯ Mücken-/Zeckenschutz
- ◯ Erste-Hilfe-Set/Wundpflege
- ◯ Ohrstöpsel

HYGIENE AN BORD

- ◯ Toilettenpapier
- ◯ Kosmetikartikel
- ◯ Handwaschmittel
- ◯ Hand- und Duschtücher

DER KLEIDERSCHRANK

- ◯ Kleidung für alle Einsätze
- ◯ Badesachen
- ◯ Wetterfeste Regenkleidung
- ◯ Schuhe
- ◯ Warmes, auch im Sommer

DIE AUSSTATTUNG ZUM WOHNEN AUF DEM CAMPINGPLATZ

- ◯ Essen und gemütlich sitzen
- ◯ Sonnenschutz (verspannbar)
- ◯ Windlichter und evtl. Lichterkette
- ◯ Kuscheldecke für kühle Abende
- ◯ Wäscheleine und -klammern
- ◯ Grill und Feuerschale
- ◯ Hängematte
- ◯ Strandtuch

ESSENZIELLES

- ◯ Reisepass (nur zur Sicherheit)
- ◯ Kfz-Schein
- ◯ Grüne Versicherungskarte
- ◯ Schutzbrief eines Automobilclubs oder Versicherung
- ◯ Bargeld in kleinen Scheinen
- ◯ Personalausweis
- ◯ EC- und Kreditkarten

NOTIZEN

CHECKLISTE

CAMPERKÜCHE

GRUNDAUSSTATTUNG

- ◯ Teller, Schüsseln und Schalen
- ◯ Besteck und Messer
- ◯ Trinkgefäße
- ◯ Pfannen & Töpfe

DIE KÜCHE IN VAN ODER WOHNMOBIL

- ◯ Grundausstattung Nahrungsmittel
- ◯ Gewürze, Salz, Pfeffer, Zucker
- ◯ Mülltüten (kleine und große)
- ◯ Geschirrtücher
- ◯ Aufbewahrungsdosen (stapelbar)
- ◯ Handfeger für den Innenraum
- ◯ Trinkwasser
- ◯ Ökologisches Putzmittel
- ◯ Kaffee und Tee
- ◯ Feuerzeuge für Gasherd
- ◯ Kochutensilien
- ◯ Geschirr und Besteck

PACKLISTE KÜCHE MINIMALISTISCH

- ◯ Spülmittel, 2–3 Schwämme, Stahlschwamm oder Bürste, Spülschüssel, zwei Geschirrtücher
- ◯ Schneidebrett aus Holz (auch als Untersetzer praktisch)
- ◯ großes Küchenmesser
- ◯ Messbecher mit Anzeige für Liter sowie für Mehl und Zucker in Gramm
- ◯ Taschenmesser mit Korkenzieher, Flaschen- sowie Dosenöffner, Schere
- ◯ Küchenpapier
- ◯ Alufolie oder Wachstücher
- ◯ Aufbewahrungsdose(n) für Reste
- ◯ Feuerzeug oder Streichhölzer
- ◯ Trinkflasche zum Wiederauffüllen für Ausflüge

PACKLISTE KÜCHE KOMFORTABEL

- ◯ Topflappen – zur Not nimm Handtücher
- ◯ Schneebesen – Idee siehe »Küchengeräte mit Mehrwert«
- ◯ Sieb: klein und feinmaschig
- ◯ Reibe: grob und fein
- ◯ zusätzliches Schneidebrett aus Kunststoff für bessere Hygiene
- ◯ Backpinsel
- ◯ Küchenwaage
- ◯ Knoblauchpresse
- ◯ Pfeffermühle
- ◯ Teigschaber für Bäcker/innen
- ◯ als Erweiterung zum Taschenmesser: Dosenöffner, Schere, Korkenzieher
- ◯ Gemüseschäler
- ◯ Fleischthermometer: für Fleisch sowie Omnia-Gerichte (siehe »Backen auf Reisen«)

PACKLISTEN FÜR ALLE FÄLLE

KINDER | WERKZEUG | BELEUCHTUNG

MIT KINDERN UNTERWEGS – WICHTIGER KINDERKRAM

- ◯ Schnorchelzeug und Flossen und / oder Schwimmhilfen, Sonnenschutz
- ◯ Neoprenanzüge machen Sinn, damit die Kids trotz kühler Temperaturen gerne und unbesorgt lange ins Wasser können
- ◯ Fahrräder, Roller, Skateboards und alles andere Sportzeug
- ◯ Kleine Boxen zum Sammeln von Fundstücken
- ◯ Großes Reisetagebuch, in dem alle mitschreiben und malen, Stifte
- ◯ Hängematte mit Mückennetz ist fast ein Garant für Mittagsschlaf
- ◯ Musik, Bücher und Hörspiele für alle
- ◯ Taschenlampen (für jedes Kind eine eigene) oder besser noch Stirnlampen, denn damit lässt sich noch einfacher im Dunklen Feuerholz sammeln oder zum Strand spazieren.
- ◯ Fernglas, Kompass, Taschenmesser
- ◯ Reisespiele und Tablet mit Spielen und Filmen

IMMER DABEI: WERKZEUG-GRUNDAUSSTATTUNG

- ◯ Ein Multitool/Bitkasten mit vielen verschiedenen Schraubenziehern, Inbus- und Steckschlüsseln
- ◯ Panzertape (gewebeverstärktes Universalklebeband)
- ◯ Eine Dose WD40 oder Ballistol Universalspray: Diese »Geheimwaffen« lösen verrostete Schrauben, schmieren die quietschende Markise oder verhindern das Vereisen der Türgummis u. Ä.
- ◯ Kfz-Sicherungen aller Art
- ◯ Sekundenkleber
- ◯ Universalzange
- ◯ Klappspaten (Befreiung aus sandigen, tiefschotterigen Untergründen)
- ◯ Hammer
- ◯ Kabelbinder und stabile Schnüre

BELEUCHTUNG ALLER ART ZUM WOHLFÜHLEN

- ◯ Eine Lichterkette bzw. ein dimmbares, kleines Licht für innen, wenn es (für die Kinder) nachts nicht stockduster sein soll
- ◯ Leselampen an allen Betten
- ◯ Kerzen bzw. Windlichter
- ◯ Lichterkette oder eine gemütliche Laterne für außen
- ◯ Gute Beleuchtung für den Campingtisch zum Spielen, Essen, Lesen
- ◯ Ein kleines Licht, das man sich auf die Trittstufe/neben den Zelteingang stellt, um im Dunkeln gut nach Hause zu finden

PACKLISTEN FÜR ALLE FÄLLE

BEHÄLTER | SAUBERKEIT

TIPP: VERSCHIEDENE BEHÄLTER AN BORD

- ○ Ein kleiner Rucksack für die Fährfahrt, den Tagesausflug zum Sightseeing, den Stadtbummel oder das Picknick am etwas entfernten Strand.
- ○ Einige Ziploc-Beutel, mit denen man beispielsweise das Handy gut gesichert an den Strand nehmen kann, in denen man Essen (Orangenschnitze) zum Picknick transportieren oder Reste im Kühlschrank aufbewahren kann (sehr oft verwendbar, weil leicht auswaschbar).
- ○ Einen wasserdichten Beutel für die Handtasche oder den Rucksack, in dem man die wichtigsten Sachen deponiert, wenn man zum Beispiel eine Rafting-Tour, einen Regenspaziergang, eine Höhlenbesichtigung machen möchte.
- ○ Kleine Müllbeutel für den täglichen Müll
- ○ Große Müllbeutel für das schnelle Aufbewahren von nassem Badezeug oder noch feuchter Wäsche. Außerdem auch gut, um gesammeltes Feuerholz aufzubewahren.
- ○ Einige kleine (ineinander) stapelbare Tupperboxen für den Kühlschrank und für Kleinkram, der sich unterwegs ansammelt (Muscheln, undefinierbare Schrauben nach der Reparatur, ausgefallene Milchzähne etc.)

SAUBERKEIT SCHAFFT FRIEDEN

- ○ Faltschüssel zum Abspülen und Wäschewaschen in den manchmal nicht so sauberen Sanitäranlagen der Campingplätze. Damit kann man außerdem gut das Geschirr transportieren.
- ○ Öko-Allzweckreiniger oder Fensterputzmittel
- ○ Zwei Schwämme (für Geschirr und Grobes)
- ○ Öko-Spülmittel
- ○ Küchenrolle
- ○ Fußmatte (nimmt den meisten Sand und Dreck auf und kann man schnell mal ausschütteln)
- ○ Handwaschmittel
- ○ Zwei Geschirrtücher
- ○ Handfeger
- ○ Waschmittel in Einzelportionen

NOTIZEN

CHECKLISTE

FÜR EIN GEMIETETES WOHNMOBIL

Da die Kaution für ein Mietmobil nicht unerheblich und schon im kleinsten Schadensfall verloren ist, sollte das Fahrzeug vor der Übernahme genauestens überprüft werden. Vor allen Dingen der Wohnmobil-Neuling sollte sich die Funktionen ganz genau erklären lassen, um für den Urlaub gut gerüstet zu sein. Empfehlenswert ist es folgende Checkliste mitzunehmen, Punkt für Punkt abzuhaken und vom Vermieter unterschreiben zu lassen.

AUSSEN

- ○ Beschädigungen an Karosserie, Stoßfängern, unter den Stoßfängern, auf Scheiben
- ○ Reifenzustand, evtl. einseitige Abnutzung, Luftdruck
- ○ Dach, Einschläge durch herabfallende Teile
- ○ Gepäckträger bzw. Fahrradträger auf dem Kugelkopf auf Funktion prüfen
- ○ Warntafel vorhanden
- ○ Umweltplaketten vorhanden
- ○ Markise, Abspannbänder vorhanden
- ○ Unterlegkeile

INNEN

- ○ Gereinigter Zustand
- ○ WC und Bad in Ordnung, WC-Kassette geleert
- ○ Küche sauber, Kochfeld
- ○ Besteck auf Vollständigkeit prüfen
- ○ Töpfe und Pfannen, Gläser, Geschirr
- ○ Kühlschrank auf Funktion prüfen bei a) Landstrom, b) Gas, c) Lichtmaschine automatische Umschaltung
- ○ Heizung bzw. Warmwasseraufbereitung prüfen, Boiler füllen und entleeren, Funktion des automatischen Ablasses erklären lassen
- ○ Auslasshähne im Bad, Küche auf Funktion Warm-/Kaltwasser prüfen, inkl. Duschkopf
- ○ Elektro Sicherung und Fehlerschalter prüfen
- ○ Sitze und Möbel auf Abnutzung, bzw. Beschädigung oder Verunreinigung prüfen
- ○ Matratzen auf Sauberkeit prüfen
- ○ Campingstühle und Tisch

TECHNIK

- ○ Motoröl
- ○ Kühlflüssigkeit
- ○ Scheibenwaschwasser
- ○ Bremsflüssigkeit
- ○ 2 volle Gasflaschen
- ○ Frischwassertank
- ○ Abwassertank, Ablassventil
- ○ Funktion der Scheibenheber, Spiegeleinstellung und Rückfahrkamera
- ○ Reparaturkit für Reifen
- ○ Warndreieck, Warnwesten, Verbandskasten
- ○ Werkzeug
- ○ Kompletter Schlüsselsatz, am besten zweifach
- ○ CE-Stecker und Kabeltrommel

CHECKLISTE

BEI VERLASSEN DES CAMPINGPLATZES

AUSSEN

- ◯ Ist der Stromstecker gezogen?
- ◯ Ist die Kabeltrommel verstaut?
- ◯ Ist die Trittstufe eingefahren?
- ◯ Hast du die Fußmatte schon hineingeräumt?
- ◯ Liegt das Solarpaneel schon im Kofferraum?
- ◯ Ist die Wäscheleine eingepackt?
- ◯ Sind alle Campingmöbel im Fahrzeug verstaut?
- ◯ Hast du allen Müll vom Platz geräumt?

OBEN

- ◯ Ist die TV-Schüssel eingefahren?
- ◯ Sind die Dachboxen fest verschlossen?
- ◯ Ist das Aufstelldach geschlossen und verriegelt?

UNTEN

- ◯ Bist du von den Auffahrkeilen heruntergefahren?
- ◯ Sind die Keile auch wirklich eingepackt?
- ◯ Liegen vielleicht noch die Gummitiere unter dem Auto?

INNEN

- ◯ Ist alles fest verriegelt?
- ◯ Ist der Kühlschrank verriegelt? Bei Bedarf schon auf 12 V umgestellt?
- ◯ Sind wirklich alle Schränke und Schubladen geschlossen?

NOTIZEN

REGISTER

M

N

O

P

Q

R

S

T

V

PS: WAS ICH NOCH SAGEN WOLLTE …

Die Recherche für dieses Buch war ein voller Erfolg – dies ist das Fazit meiner monatelangen Reise durch Südfrankreich. Als ich den Auftrag vom Bruckmann-Verlag für diesen Wohnmobil-Reiseführer übernommen habe, war ich ehrlich gesagt ein wenig skeptisch! Ja, die Côte d'Azur mit ihren berühmten Städten wie Nizza oder Antibes kannte ich schon, ich wusste aber auch, dass der Wohnmobilist es hier nicht leicht hat. Doch dann habe ich mir einen netten Campingplatz gesucht und die Vorzüge der französischen Bahn kennengelernt, denn stressfreier und preiswerter kann eine Stadtbesichtigung kaum sein. Als Fan moderner Kunst war ich an der Côte d'Azur sowieso im Paradies, unzählige Werke von Picasso, Braque, Niki de Saint-Phalle und vielen anderen mussten bewundert werden.

Auch kulturhistorisch hat mich Südfrankreich absolut überrascht. Wie viele »Plus Beaux Villages de France« es hier doch gibt, wie viele grandiose UNESCO-Welterbestätten durfte ich kennenlernen: Ob Avignon, die Stadt der Päpste, das römische Arles, die mittelalterliche Cité de Carcassonne oder die Kathedrale von Albi – alles absolut sehenswert!

Die landschaftliche Vielfalt Südfrankreichs und die vielen Naturschönheiten sind meiner Meinung nach ohnedies kaum zu toppen. Das rote Esterel-Gebirge, die tiefen Fjorde der Calanques, die weite Camargue oder die herrlichen Strände im Languedoc – ein Naturschutzgebiet löst das andere ab und die Wanderungen und Fahrradtouren hier waren wunderschön. Unvergesslich wird mir die Fahrt auf der Route des Crêtes entlang der Gorges du Verdon bleiben. Während Geier am strahlend blauen Himmel kreisten, faszinierte mich der Blick aus 700 Meter Höhe hinunter in die Schlucht – schlichtweg atemberaubend!

Last, but not least möchte ich meinem Ehemann Andy dafür danken, dass er mich Tausende von Kilometern nach Südfrankreich und zurück kutschiert hat. Ich bin davon überzeugt, dass auch er diese Wohnmobilreise immer in guter Erinnerung behalten wird.

Damit wünsche ich Ihnen, liebe Leserinnen und Leser, einen wunderschönen Urlaub und viele tolle Erlebnisse in Südfrankreich!

Ihre Ines Friedrich

UNSER NACHHALTIGKEITSKODEX

Die Welt birgt viele Wunder, Abenteuer und spektakuläre Aussichten, die wir gerne erkunden möchten. Doch sie ist auch leicht aus dem Gleichgewicht zu bringen. Hier ein paar Tipps, wie wir unsere Welt nachhaltig entdecken können:

- **Abfall wieder mitnehmen:** Plastikverpackungen jeglicher Art, Dosen, Flaschen und Papiertaschentücher (es dauert Jahre, bis sich ein einzelnes Taschentuch vollständig abgebaut hat!) gehören nicht in die Natur, sondern artgerecht entsorgt. Dazu zählen natürlich auch Toilettenpapier und der Inhalt von (Chemie-)Toiletten. Entsprechende Entsorgungsstationen finden sich überall.

- **Ressourcen gewissenhaft nutzen:** Manche Umweltressourcen sind bereits knapp, endlich sind auf jeden Fall alle. Um sie zu schonen, sollten wir sparsam mit ihnen umgehen, gerade in Gegenden, in denen zum Beispiel Wasser oder Strom nicht im Überfluss vorhanden sind.

- **Ein guter Gast sein:** Nachhaltig unsere Umgebung zu erkunden bedeutet auch, der hiesigen Flora und Fauna mit Respekt zu begegnen. Pflanzen sollten auf keinen Fall gepflückt werden, aber sie stehen uns bestimmt gerne Modell für das eine oder andere Foto. Das Gleiche gilt für wilde Tiere: Wir füttern sie nicht, halten Abstand und beobachten sie aus der Ferne.

- **Lokal kaufen:** Dadurch lernen wir nicht nur Land und Leute besser kennen und unterstützen die regionale Wirtschaft, sondern können auch so unsere Campingküche mit frischen Produkten nachhaltig gestalten.

- **Flexibel bleiben:** Camper sind keine Rudeltiere. Wir schonen die Natur auch, indem wir einen Ort nicht geballt belasten. Einen tollen Stellplatz entdeckt? Wir behalten es für uns und teilen ihn am besten nicht mit der Öffentlichkeit. Übrigens gibt es inzwischen vielerorts auch nachhaltige Campingplätze.

- **Umweltbewusst fahren:** Reisen mit dem Auto oder Womo sind grundsätzlich umweltfreundlicher als mit dem Flugzeug, dennoch können wir noch mehr tun und zum Beispiel den Kraftstoffverbrauch minimieren, indem wir vorausschauend fahren, so wenig Last wie möglich mit uns führen und die Umgebung vor Ort mit dem Fahrrad oder zu Fuß erkunden.

- **Nur dort parken und campen, wo es erlaubt ist:** Selbst wenn wir uns noch so vorbildlich verhalten und unseren Aufenthaltsort so hinterlassen, wie wir ihn vorgefunden haben, stören wir den Lebensraum von Wildtieren und hinterlassen Spuren und Gerüche. Auch Lagerfeuer entzünden wir ausschließlich an den dafür vorgesehenen Stellen und achten dabei auf Waldbrandstufen und Naturschutzgebiete.

So wie wir die Umwelt respektieren, wollen wir auch unseren Mitmenschen und deren Kultur Respekt entgegenbringen, gerade im Hinblick auf deren Traditionen, Religion oder typische Gebräuche. So kann ein Lächeln Berge versetzen!

Eine Reise durch Frankreichs Süden wird sicherlich jedem Urlauber unvergesslich bleiben.

STRASSEN-ATLAS

Die acht Routen im Überblick – samt gekennzeichneten Übernachtungsmöglichkeiten mit dem Wohnmobil auf Stell- oder Campingplatz

Dijon
Besançon
Luzern
Bourges
Bern
Châteauroux
Chalon-s.-S.
Lausanne
Limoges
Lyon
Clermont-Ferrand
Chambéry
St-Étienne
Grenoble
Asti
Valence
190
191
184
185
182
183
Avignon
176
177
Nîmes
Toulouse
Aix-en-Provence
Cannes
Nizza
Montpellier
186
187
180
181
Béziers
Marseille
Toulon
178
179
Perpignan
188
189
Girona/Gerona
Manresa
MITTELMEER
Mataró
Badalona
L'Hospitalet de Llobregat

LEGENDE

Route 1 - DIE BERÜHMTEN STÄDTE DER CÔTE D'AZUR

Route 2 - DAS ESTEREL-GEBIRGE UND DER GOLFE DE SAINT-TROPEZ

Route 3 - VON HYÈRES BIS NACH MARSEILLE

Route 4 - DAS HERZ DER PROVENCE

Route 5 - LEBENSADER RHÔNE UND LEBENSRAUM CAMARGUE

Route 6 - SONNE, STRAND UND SEHENSWÜRDIGKEITEN VOM FEINSTEN

Route 7 - WUNDERSCHÖNE CÔTE VERMEILLE

Route 8 - GORGES DU TARN UND PARC RÉGIONAL D'ARDÈCHE

A 7 Autobahn mit Anschlussstelle

75 Schnellstraße

Fernstraße

Nebenstraße

Sonstige Straße

Fahrweg

Eisenbahn

Flüsse

See

Bebauung

Natur-, Nationalpark

Staatsgrenze mit Grenzübergang

C 10 Campingplätze

S 10 Stellplätze

Sehenswürdigkeit - Kultur

Sehenswürdigkeit - Natur

Kirche, Kloster

Klosterruine

Schloss

Schlossruine

Museum

Höhle

Windmühle

Leuchtturm

Hünengrab

Aussichtspunkt

Flughafen

HUBER KARTOGRAPHIE

N

0 15 km

1 : 425.000

A
B
C
D
182
183
178
179
1
2
3
4
5
6
S 416
S 415
S 414
S 409
S 408
S 407
S 405
C 403
C 404
C 406
C 410
C 411
C 412
C 413
C 203
4
N85
N202
A8
Digne-les-Bains
Centre Géologique de St-Benoît
N.-D. du Bourg
Château-Arnoux-St-Auban
Châteauredon
Barrême
Castellane
N.-D. du Roc
Clue de Taulanne
Clue de la Roche Percée
Porte St-Jean
Clue de Chasteuil
Point Sublime
Belvédère du Galetas
Belv. de Mayreste
Cirque de Vaumale
Étroit des Cavaliers
Balcons de la Mescla
Grand Canyon du Verdon
Lac de Castillon
Lac de Sainte-Croix
Parc Naturel Régional du Verdon
Moustiers-Ste-Marie
Riez
Ste-Croix-de-Verdon
St-Laurent-du-Verdon
Chât. de Campagne
Chât. des Castellane
Chât. de Fontenelle
Rochers
Clue de St-Auban
Casc. de la Lance
St-André-les-Alpes
Annot
Aups
Draguignan
Lorgues
Le Muy
Les Arcs
Vidauban
Brignoles
Vallon Sourn
Anc. Abb. du Thoronet
Anc. Abb. de la Celle Roubaud
Chât. de Taurenne
Cascade de Pennafort
Parc Aquatique
Chât. Aurélie
St-Raphaël

182
185
181
A
B
C
D
1
2
3
4
5
6
C 402
C 403
C 404
C 400
C 305
S 304
S 303
C 302
A51
A8
A52
A50
A501
A57
A570
A7
Pertuis
Mirabeau
Défilé de Mirabeau
Centre d'Études Nucléaires
St-Paul-lès-Durance
Ginasservis
la Durance
Jouques
Peyrolles-en-Provence
Meyrargues
Venelles
Aix-en-Provence
St-Sauveur
Châteauneuf-le-Rouge
Rousset
Trets
Gardanne
Bouc-Bel-Air
Cabriès
Septèmes-les-Vallons
Allauch
MARSEILLE
Aubagne
Cassis
la Ciotat
Parc national des Calanques
Cap de l'Aigle
Roquevaire
Peypin
Auriol
Gémenos
Parc de St-Pons
Massif de la Sainte Baume
Cuges-les Pins
Bandol
Sanary-sur-Mer
Six-Fours-les-Plages
La Seyne-sur-Mer
Toulon
le Pradet
la Garde
la Crau
Hyères
Solliès-Pont
Cuers
Brignoles
St-Maximin-la-Ste-Baume
Tourves
Vallon Sourn
Barjols
Rians
Vauvenargues
la Croix de Provence
Pourrières
le Beausset
Signes
Ollioules
Presqu'île de St-Mandrier
Cap Sicié
Îles des Embiez
Île de Riou
Sormiou
les Goudes
178

183
177
Verdon
Draguignan
Lorgues
les Arcs
le Muy
Vidauban
le Luc
St-Raphaël
Cannes
Grasse
Mandelieu-la-Napoule
Mougins
Ste-Maxime
St-Tropez
Cogolin
Grimaud
Port Grimaud
Gassin
Ramatuelle
Cavalaire-sur-Mer
le Lavandou
Bormes-les-Mimosas
Rayol-Canadel-sur-Mer
Massif de l'Esterel
Massif des Maures
Île de Port Cros
Île du Levant
Parc Naturel National de Port-Cros
Îles d'Hyères
Fayence
Fréjus
C 105
C 200
C 201
C 202
C 203
S 204
C 205
C 206
S 207
C 208
C 209
C 210
S 211
C 212
S 213
C 300
A8

184
191
187
189
A
B
C
D
1
2
3
4
5
6
Nîmes
Planétarium
Caveirac
Rodilhan
Clarensac
Langlade
Caissargues
Milhaud
Bernis
Uchaud
Aubord
Nîmes-Arles-Camargue
Boissières
Nages-et-Solorgues
Calvisson
Aubais
Junas
Aigues-Vives
Vergèze
Vestric-et-Candiac
le Moulin de Candiac
Générac
Beauvoisin
Vauvert
la Cassagne
St-André
Mas de Mourgues
Gallician
Espeyran
le Cailar
Aimargues
Gallargues-le-Montueux
Lunel
Lunel-Viel
Marsillargues
St-Laurent-d'Aigouze
Mas Psalmody
Mas de Iscles
Montcalm
Quatret
Aigues-Mortes
le Canet
Mas Sénébier
Pioch Badet
Pin Fourcat
Mourgue
la Capelude
le Grand Radeau
la Grau-du-Roi
Port-Camargue
St-Roman
Aquarium
la Grande-Motte
Mas de Terre de Port
Candillargues
St-Nazaire-de-Pézan
Lansargues
Mauguio
Mudaison
Montpellier-Méditerranée
Étang de Mauguio
Carnon-Plage
Golfe d'Aigues-Morte
Palavas-les-Flots
Maguelone
Pérols
Lattes
la Mogère
Flaugergues
Montpellier
Châtd'O
Grabels
le Crès
Castries
Jacou
Clapiers
Teyran
Assas
St-Clément-de-Rivière
Prades-le-Lez
St-Gély-du-Fesc
Murles
Vailhauquès
Montarnaud
St-Paul-et-Valmalle
Juvignac
Pignan
Lavérune
Anc. Abb. de Vignogoul
Cournonterral
Cournonsec
Fabrègues
Mireval
Vic-la-Gardiole
Domaine de Tudès
Montbazin
Gigean
Poussan
Balaruc-le-Vieux
Frontignan
Loupian
Parc à Huîtres
Balaruc-les-Bains
Sète
Quartier du Grau
Mas d'Antonègre
Villeveyrac
Viols-le-Fort
Viols-en-Laval
Cambous
Village de l'Âge du Cuivre
Cazevieille
Village Préhistorique
St-Mathieu-de-Tréviers
le Triadou
les Matelles
Valflaunès
Notre-Dame-de-Londres
Mas-de-Londres
St-Martin-de-Londres
Causse-de-la-Selle
Masclac
St-André-de-Buèges
Brissac
Gorniès
St-Bauzille-de-Putois
Ferrières-les-Verreries
Pompignan
Claret
Lauret
Corconne
Brouzet-lès-Quissac
Vacquières
Carnas
Sauteyrargues
Fontanès
Garrigues
St-Bauzille-de-Montmel
Galargues
Montaud
St-Drézéry
Guzargues
Sussargues
Saussines
Beaulieu
St-Christol
Restinclières
St-Geniès-des-Mourgues
Boisseron
Villevieille
Sommières
Salinelles
Aspères
Gailhan
Lesques
Fontanès
Souvignargues
Montpezat
St-Côme-et-Maruéjols
Combas
Crespian
St-Mamert-du-Gard
Parignargues
Cantagrils
Argelliers
la Boissière
Vis
le Lamalou
A9
N113
6
5
S 508
S 509
C 510
C 511
S 505
S 507
S 600
S 601
S 602
S 604
296
106
656
MITTELMEER
Tanger

185
182
178
E
F
G
H
1
2
3
4
5
6
Beaucaire
Tarascon
S 502
C 503
C 504
S 307
C 306
Arles
Pont de Grau
St-Martin-de-Crau
Salon-de-Provence
Pélissanne
Lambesc
Miramas
St-Chamas
Istres
St-Mitre-les-Remparts
Fos-sur-Mer
Port-de-Bouc
Martigues
Marignane
Vitrolles
Gignac-la-Nerthe
Le Rove
Châteauneuf-les-Martigues
Carry-le-Rouet
Sausset-les-Pins
Ensuès-la-Redonne
Port-St-Louis-du-Rhône
Salin de Giraud
Eyguières
Sénas
Orgon
Cavaillon
Mallemort
Lançon-Provence
la-Fare-les-Oliviers
Velaux
Rognac
Berre-l'Étang
Maussane-les-Alpilles
Fontvieille
St-Rémy-de-Provence
les Baux-de-Provence
Rochers d'Entrecongue
Chaîne des Alpilles
Gorges de Régalon
Parc Naturel Régional de Camargue
Étang de Vaccarès
Étang de Berre
Grand Rhône
Golfe de Fos
Golfe du Lion
Cap Couronne
A7
A54
A55
N568
N569
N572
N1569

A
B
C
D
1
2
3
4
5
6
Bruis
Ste-Marie
Montmorin
la Fromagère
Rosans
Moydans
Ribeyret
St-André-de-Rosans
Verclause
Montferrand-la-Fare
Roussieux
Chauvac
les Viarrands
le Rosas
l'Épine
Vaucluse
Montjay
Chapaïsses
Villebois-les-Pins
Étoile-St-Cyrice
Montclus
les Courtilles
Chanousse
la Montagne
Serres
le Bersac
St-Genis
Montrond
Trescléoux
Colombe
Lagrand
Eyguians
Saléon
Savournon
les Arnauds
l'Écluse
Lazer
le Grand Pré
Laragne-Montéglin
Nossage-et-Bénévent
Upaix
Barcillonnette
Vitrolles
Pibert
Ventavon
Monêtier-Allemont
Claret
les Roches
Melve
Sigoyer
Villarnaud
Thèze
la Bréjonnière
Curbans
la Curnerie
Faucon-du-Caire
le Caire
la Motte-du-Caire
Clamensane
Bayons
Astoin
Gautière
Turriers
le Forest-Loin
Bellaffaire
Reynier
Esparron-la-Bâtie
Valavoire
la Sapie
A51
la Durance
Bochaîne
Laux-Montaux
les Bègues
Orpierre
Ste-Colombe
Chevalet-le-Haut
Laborel
Châteauneuf-de-Chabre
les Fourniers
le Poët
Vaumeilh
Valernes
Escuyer
Nibles
Châteaufort
St-Auban-sur-l'Ouvèze
Montguers
Ruissas
Rioms
Montauban-sur-l'Ouvèze
Izon-la-Bruisse
Ballons
Barret-le-Bas
St-Pierre-Avez
Mison
le Buëch
les Amayons
St-Geniez
Chabert
Authon
Défilé de la Pierre Écrite
Rocher de Dromont
Plan de la Baume
Mévouillon
Pelleret
Eygalayes
Lachau
Salérans
la Méouge
Rougnouse
l'Adrech
Ribiers
le Plan
N.-D. de Calma
les Peyres
Plaugiers
Entrepierres
Vilhosc
le Vançon
Melan
Pré Forant
le Castellard-Melan
Hautes-Duyes
Villefranche-le-Château
Séderon
Éourres
le Durban
Franchironnette
Sisteron
Vergol
le Plan du Château
St-Vincent-sur-Jabron
Bevons
St-Symphorien
Champ Roubin
Toge
185
Montbrun-les-Bains
Barret-de-Lioure
Curel
Lange
Noyers-sur-Jabron
Clot de Moune
Salignac
St-Martin
Thoard
Gour des Oules
les Omergues
Montfroc
la Tuillière
Châteauneuf-Miravail
Valbelle
Peipin
Sourribes
les Romans
la Tuilière
Beaucouse
Ferrassières-de-Barret
Aurel
Ferrassières
Tinette
Montagne de Lure
Station de Lure
Sommet de Lure
Aubignosc
Égl. St-Martin
le Villarrd
Barras
N85
Volonne
Château-Arnoux-St-Auban
Champtercier
S 416
St-Trinit
le Contadour
les Girons
Vière
Saumane
l'Hospitalet
Anc. Abb. de N.-D. de Lure
Châteauneuf-Val-St-Donat
Mallefougasse-Augès
Caire
le Gendre
Revest-du-Bion
la Rochegiron
Lardiers
Cruis
Montfort
Mardaric
Mirabeau
Mallemoisson
Aiglun
Montlaux
Malijai
St-Etienne-les-Orgues
les Martrons
les Roumigières
Grand Débat
St-Jean
St-Christol
St Pierre
Banon
le Rocher d'Ongles
Ongles
Peyruis
les Mées
Chât. de Fontenelle
le Chaffaut-St-Jurson
Plan Chavonnet
les Vallettes
Ganagobie
Revest-St-Martin
Espinouse
Vaucluse
Brouville
le Castellet
Haut Cheyran
Montsalier
Fontienne
Prieuré de Ganagobie
Sarraud
la Laye
Carniol
Revest-des-Brousses
Limans
Sigonce
Dabisse
Puimichel
Ajonc
Tante Rose
Lagarde-d'Apt
Simiane-la-Rotonde
le Château
Lurs
St Pierre
Bellegarde
St-Jeannet
Forcalquier
Yburgues
Anc. Abb. de Valsaintes
Aubenas-les-Alpes
Obs. de Hte-Provence
Pierrerue
le Castellet
Entrevennes
les Grands Clements
Marinier
Mane
Niozelles
Bras-d'Asse
l'Asse
Rustrel
Gignac
Oppedette
Vachères
Chât. de Sauvan
la Brillanne
Plateau
St-Julien-d'Asse
Villars
St-Michel-l'Observatoire
Oraison
St-Maime
Ste-Croix-à-Lauze
Lincel
Brunet
Reillanne
Dauphin
les Buissonnades
A51
S 408
181
Blace
Caseneuve
Viens
la Largue
Volx
le Val d'Asse
de Parc
Puimoisson
Apt
le Boisset
St-Martin-de-Castillon
le Petit Carluc
St-Martin-les-Eaux
la Combe
S 407
Céreste
Villemus
Manosque
Valensole
Roumoules
Saignon
Glorivette
Montjustin
Montfuron
Riez
Auribeau
Castellet
Vitrolles-en-Lubéron
les Chabrands
Valensole
Chât. de Campagne
Mourre Nègre
Pierrevert
4
Luberon
Peypin-d'Aigues
la Bastide-des-Jourdans
Ste-Tulle
St-Grégoire
Allemagne-en-Provence
Montagnac-Montpezat
Cabrières-d'Aig.
Regional
Chât. de Laval
Chât. des Templiers
Chât. des Castellane
Vaugines
Cucuron
le Cafeton
Corbières
St-Martin-de-Brômes
Ste-Croix-de-Verdon
St-Martin-de-la-Brasque
Grambois
Pontoise
Gréoux-les-Bains
Esparron-de-Verdon
Albiosc
Montpezat
les Patins
Sannes
S 401
St-Laurent-du-Verdon
Cadenet
Ansouis
du Lubéron
Beaumont-de-Pertuis
Chât. de Cadarache
Vinon-sur-Verdon
C 402
Lac d'Esparron
C 403
C 404
la Tour-d'Aigues
les Rouvières
Quinson
Artignosc-sur-Verdon
Villelaure
la Bastidonne
Défilé de Mirabeau
Malaurie
Pertuis
Mirabeau
Centre d'Études Nucléaires
St-Julien
St-Pierre
la Mourotte
les Regrets
la Dévention
la Durance
St-Paul-lès-Durance
Villeneuve
le Puy-Ste-Réparade
Ginasservis
Bourdas
Régusse
A51
Peyrolles-en-Provence
Jouques
la Verdière
Montmeyan
Chât. de Fonscolombe
Meyrargues
l'Espagne
Bury
la Vicarie
le Camp Chinois
Varages
Venelles
178
Concors
Esparron
St-Martin
Tavernes
Fox-Amphoux
185
181
178

E
F
G
H
1
2
3
4
5
6
Barcelonnette
Jausiers
Faucon-de-Barcelonnette
St-Pons
la Frache
Enchastrayes
le Sauze
le Super-Sauze
le Villard d'Abas
Fours-St-Laurent
Miraval
la Fresquière
le Martinet
l'Ubaye
Pra-Loup
les Molanès
les Clarionds
les Agneliers
Col d'Allos 2240
la Foux d'Allos
la Foux
la Baumelle
le Verdon
le Seignus-Bas
N.-D. de Valvert
Allos
Lac d'Allos
Mont Pelat 3050
Refuge de la Cayolle
Col de la Cayolle 2326
Refuge de la Cantonnière
Estenc
Chaumie Haut
Clignon Haut
Colmars
Casc. de la Lance
Villars-Colmars
la Combe
Beauvezer
Entraunes
Val Pelens
Pra Pelet
St-Martin-d'Entraunes
Villeneuve d'Entraunes
le Pont de la Serre
Villars Heyssier
Ondres
Cime de la Bonette 2860
Bousiéyas
Refuge de Sestrière
le Pra
la Tinée
St-Dalmas-le-Selvage
Vacherie de Demandols
Parc National du Mercantour
las Donnas 2474
Roya
la Gardivole
les Tourres
Barels
Auron
St-Etienne-de-Tinée
Mont Mounier 2817
la Baumette
Isola
Vieux Clocher
St-Brès
Vignol
Grangie
Argentera
Bersezio
Ferriere
Murenz
Castello
Sambuco
Becco Alto del Piz 2912
Servino
Gias Maro
Gias Bandia
Bagni de Vinadio
San Bernolfo
Callieri
Rifugio del Laus
Pia
les Guirands
St-Vincent-les-Forts
le Lauzet-Ubaye
la Romeyère
St-Jean
Montclar (Serre-Nauzet)
la Gineste Haute
Chardavon
Seyne
St-Pons
Chabanon
le Fau
Maure
Col de Maure 1346
le Grand Puy 1761
le Grand Puy
Couloubroux
Bas
Auzet
Roussimal
la Route
le Vernet
Saume-Longe
le Haut-Vernet
Verdaches
le Villard
les Traverses-Hautes
la Bléone
la Favière
Prads-Haute-Bléone
St-Pierre
Esclangon
Beaujeu
Heyre
Faillefeu Haut Cabane
Blégiers
la Javie
Chavailles
le Brusquet
Chanolles
la Valette
Draix
la Rouine
Archail
Marcoux
Digne-les-Bains
S 415
le Villard
la Peine
Thorame-Basse
le Moustier
Thorame-Haute
Mgne de Cordeil 2115
Plan-de-Chaude
la Bâtie
les Dourbettes
les Sauzeries
Lambruisse
Argens
la Colle St-Michel
Peyresq
le Grand Coyer 2693
Aurent
Thorame-Haute Gare
Méailles
Argenton
Chabrières
le Fugeret
la Clappe
Valaury
Clumanc
le Gion
la Mure-Argens
Hyèges
Chaudon-Norante
St-Lions
N85
St-Jacques
Barrême
N202
Gévaudan
Moriez
St-André-les-Alpes
Allons
Braux
Rochers
Annot
St-Benoît
les Scaffarels
le Plan
le Bas Agnerc
Entrevaux
Sussis
Enaux
le Var
Sauze
Guillaumes
Villeplane
la Pinée
St-Martin
Sausses
Gorges de Daluis
Castellet-lès-Sausses
Liouc
St-Léger
Péone
Valberg
l'Oustallet
le Villard
Selves
la Colle
Cougne
Beuil
Roubion
Villetalle Basse
Raton
Bergians
Dôme de Barrot 2136
Gorges du Cians
Les Clots 2105
Léouvé
Auvare
Pra d'Astier
Rigaud
Lieuche
Thiéry
la Croix-sur-Roudoule
Puget-Rostang
Touët-sur-Var
les Tuves
Avenos
la Rochette
la Penne
St-Antonin
Cuébris
Pierrefeu
Bussses
Abéliéra
Ilonse
Pierlas
Clot de Marre
Villars-sur-Var
Angles
Vergons
Lac de Castillon
Courchons
Lioux
Senez
Majastres
Blaron
Boades
St-Julien-du-Verdon
la Tuilière
Clue de Taulanne
Clue de la Roche Percée
Taulanne
Castellane
N.-D. du Roc
S 414
Demandolx
Rouaine
L'Iscle
le Touyet
Ubraye
Ourges
1588
le Champ
Montblanc
Val-de-Chalvagne
Collongues
Amirat
Stade de Neige de Vauplane
la Sagne
Brianconnet
Gars
l'Esteron
Solelhas
St-Auban
Clue de St-Auban
le Grao
Clue du Riolan
Sigale
Roquesteron
Clue de la Péguière
Conségudes
Casc. de Vegay
Grélières les Neiges
Cime du Cheiron 1778
Bézaudun-les-Alpes
Coursegoules
les Mes
Régional
Blieux
Mourre de Chanier 1930
Chasteuil
Porte St-Jean
la Garde
C 413
le Verdon
Robion
Eoulx
St-Thyrse
Peyroules
la Bâtie
Valderoure
les Lattes
Thorenc-Station
Col de Bleine 1439
Clue de Gréolières
Gréolières
Cipières
S 409
Belvédère du Galetas
Clue de Chasteuil
Rougon
Point Sublime
la Palud-sur-Verdon
Belv. de Mayreste
Grand Canyon du Verdon
C 412
C 411
Cirque de Vaumale
le Bourguet
Brenon
Châteauvieux
le Logis du Pin
la Martre
Séranon
la Lane
Caille
Andon
Station de l'Audibergue
Observatoire
Bramafan
Saut du Loup
Courmes
Casc. de Courmes
Tourrettes-sur-Loup
St-Barnabé
Trigance
Jabron
le Jabron
l'Artuby
Bargème
la Bastide
Montagne de Lachens
Villaute
Esclapon
Escragnolles
Canaux
Caussols (St-Lambert)
Gourdon
le Bar-sur-Loup
St-Maimes
Étroit des Cavaliers
Balcons de la Mescla
la Souche
Comps-sur-Artuby
la Roque-Esclapon
les Gras
Pas de la Faye 981
St-Vallier-de-Thiey
Pré du Lac
C 105
C 1
Verdon
Avens
la Grande Nouguière
Sauvechane
Brovès
Mons
Gr. de Baume Obscure
Rochetaillée
Grottes de St-Cézaire
Cabris
Châteauneuf-Grasse
Opio
Grasse
Roquefort-les-Pins (le Plan)
Mouans-Sartoux
Valbonne
1174
Vérignon
Village de Canjuers
Bargemon
la Tansonive
Seillans
St-Cézaire-sur-Siagne
le Tignet
Peymeinade
la Siagne
Callian
Montauroux
Fayence
le Baguier
Mougins
Tanneron
Pégomas
Ampus
Châteaudouble
Montferrat
Callas
Claviers
les Selves
les Grandes Terrasses
les Mariors
Chât. de Taurenne
Aurtour
Villecroze
les Mandins
Salernes
Matourne
Rebouillon
Figanières
l'Estagnol
l'Endre
St-Paul-en-Forêt
Lac de St-Cassien
le Soleil
Mandelieu-la-Napoule
le Ruel
Grand Bérard
Col de Larche (Colle della Maddalena)

177
179

A
B
C
D
1
2
3
4
5
6
Parc Naturel Régional des Monts d'Ardèche
Parc National des Cévennes
Largentière
Alès
Nîmes
Uzès
Planétarium
Belv. de Chassezac
Grte des Tunnels
Gorges de l'Ardèche
Aven d'Orgnac
Grotte de la Cocalière
Chât. du Chaylard
Chât. d'Allègre
Aquarium
Bambouseraie de Prafrance
Grte de Trabuc
Grte des Demoiselles
Village de l'Âge du Cuivre
Village Préhistorique
Avens
les Espelugues Gouffre
Aquarium Tropical
Mont Bouquet
Sommet du Goulet
Col de Finiels
Ranc de Banes
S 810
C 811
C 808
C 809
N106
N113
A9
8
Villefort
Vallon-Pont-d'Arc
Barjac
St-Ambroix
la Grand-Combe
Anduze
St-Jean-du-Gard
Ganges
Quissac
Sauve
St-Hippolyte-du-Fort
Les Vans
Joyeuse
Ruoms
Florac
Génolhac
Bessèges
Lussan
Vézénobres
Sommières
Nîmes-Arles-Camargue

191
187
180

E
F
G
H
1
2
3
4
5
6
182
178
181
Montélimar
le Teil
Alba-la-Romaine
Mélas
St-Andéol-de-Berg
Chabert
Dardaillon
Joviac
les Adhémar
la Bâtie-Rolland
Puygiron
Espeluche
le Grand Pélican
Rochefort-en-Valdaine (Chambaud)
la Bégude-de-Mazenc
le Plat
le Poët-Laval
les Lombards
Orcinas
Dieulefit
Aleyrac
Montjoux
Vesc
Bouvières
Guisand
Gumiane
Chaudebonne (les Nauds)
Brézil
Arnayon (Berlières)
Malataverne
Allan
Valvignères
St-Thomé
Viviers
Châteauneuf-du-Rhône
Montjoyer
Roche-St-Secret-Béconne
Pradier
Lafare
Larnas
les Baraques
St-Pancrace
Monastère de la Trappe d'Aiguebelle
Salles-sous-Bois
Montbrison
Teyssières
Valouse
les Chaudrons
Villeperdrix
Plateau du Laoul
Donzère
les Granges-Gontardes
Roussas
Réauville
Taulignan
le Pègue
les Audiès
St-Ferréol-Trente-Pas
Eyroles
Sahune
St-May
St-Montant
Faunicope
Rimouren
Grotte de Rochecourbière
Grignan
les Cognets
Condorcet
Pierrelatte
la Garde-Adhémar
Chamaret
Grillon
St-Pantaléon-les-Vignes
Venterol
les Faviers
Curnier
le Liby
Bourg-St-Andéol
St-Paul-Trois Châteaux
Montségur-sur-Lauzon
Valréas
St-Pierre
Nyons
le Devès
les Pilles
Montaulieu
Arpavon
Bidon
la Ferme aux Crocodiles
Richerenches
Garde Grosse
Ste-Jalle
N.-D. de Beauvert
Tricastin
Bel Aise
Vinsobres
Châteauneuf-de-Bordette
Rochebrune
St-Mrcel-d'Ardèche
St-Restitut
la Baume-de-Transit
Rousset
Armand
Village Troglodytique de Barry
St-Martin-d'Ardèche
Lapalud
St-Sébastien
Visan
Mirabel-aux-Baronnies
Beauvoisin
Gorges d'Ubrieux
St-Maurice-sur-Eygues
Propiac
St-Just
Ouvrages de Donzère Mondragon
Bouchet
Tulette
Buisson
Villedieu
Puyméras
Buis-les-Baronnies
C 813
8
Lamotte-du-Rhône
Bollène
St-Blaise
Suze-la-Rousse
St-Roman-de-Malegarde
Pierrelongue
Cost
Pont-St-Esprit
Derboux
Rochegude
Ste-Cécile-les-Vignes
Roaix
Vaison-la-Romaine
Mollans-sur-Ouvèze
Montagne de Bluye
la Chartreuse de Valbonne
Mondragon
les Farjons
Lagarde-Paréol
Cairanne
Rasteau
St-Alexandre
les Pins
la Galle
la Bosquette
Séguret
Crestet
Entrechaux
St-Léger-du-Ventoux
St-Laurent-de-Carnols
Vénéjan
St-Georges
Mornas
Travaillan
Sablet
Beaumont-du-Ventoux
Mont Serein
St-Gervais
St-Étienne-des-Sorts
Piolenc
Sérignan-du-Comtat
Gigondas
Malaucène
les Alazards
Mont Ventoux
Bagnols-sur-Cèze
la Croix Rouge
Camaret-sur-Aigues
Violès
Suzette
Chât. St-Symphorien
Lafare
Pierravon
le Chalet Reynard
Sabran
Chusclan
Centre Atomique de Marcoule
Orange
Vacqueyras
Orsan
le Barroux
Bédoin
Cadignac
Tresques
Panier
Beaumes-de-Venise
Laudun
Caderousse
Jonquières
Caromb
St-Pierre-de-Vassols
St-Estève
Connaux
Lasceurs
Courthézon
Sarrians
Aubignan
les Gaps
Flassan
le Pin
les Sinards
Tourreau
Loriol-du-Comtat
Serres
le Limon
Mormoiron
la Capelle-et-Masmolène
Chât. le Castellas
Montfaucon
Châteauneuf-du-Pape
Carpentras
Mazan
Villes-s.-Auzon
St-Laurent-des-Arbres
Roquemaure
Bédarrides
Malemort-du-Comtat
Blauvac
Pouzilhac
Monteux
Méthamis
263
Sauveterre
Althen-des-Paluds
St-Didier
Tavel
Sorgues
Venasque
Valliguières
St-Agricol
Pujaut
Entraigues-sur-la-Sorgue
Pernes-les-Fontaines
le Beaucet
St-Lambert
St-Hilaire-d'Ozilhan
Villeneuve-lès-Avignon
C 500
Vedène
St-Gens
Rés. Nat. Géologique du Luberon
Murs
Rochefort-du-Gard
Grotte de Thouzon
Velleron
Remoulins
St-Saturnin-lès-Avignon
Saumane-de-Vaucluse
Saze
Palais des Papes
Avignon
l'Isle-sur-la-Sorgue
Joucas
Pont du Gard
Fournès
Domazan
S 501
Châteauneuf-de-Gadagne
le Thor
Fontaine-de-Vaucluse
Sénanque
Gordes
Théziers
Aramon
Rognonas
Caumont-sur-Durance
les Vignères
le Petit Palais
Lagnes
Cabrières-d'Avignon
St-Pantaléon
Meynes
Barbentane
5
Chartreuse de Bonpas
Coustellet
Pont Julien
St-Michel de Frigolet
Châteaurenard
Noves
les Eyssariades
Beaumettes
Goult
Montfrin
Vallabrègues
Boulbon
Graveson
Cabannes
Cavaillon
Robion
Maubec
St-Véran
Comps
Eyragues
les Poulivets
Lacoste
Abb. St-Roman
Virquières
St-Andiol
Taillades
Ménerbes
Maillane
Plan-d'Orgon
Oppède le Vieux
Anc. Abb. St-Hilaire
Jonquières-St-Vincent
Beaucaire
Chât. Gaillard
Tarascon
Chât. de Lagoy
Mollégès
Cheval-Blanc
Montagne
Mas-Blanc-des-Alpilles
Chât. de Roussan
St-Rémy-de-Provence
Branquay
Orgon
Gorges de Régalon
Parc Naturel
S 502
C 503
Mas de la Brune
Mas des Sables
St-Étienne-du-Grès
les Antiques
le Mazet
Mérindol
les Borrys
Puget
les Lecques
Lansac
Chaîne des Alpilles
Eygalières
Chât. d'Estoublon
les Baux-de-Provence
Sénas
Saujan
St-Roch
Mallemort
Bellevue
Fontvieille
Paradou
Maussane-les-Alpilles
493
Aureille
Eyguières
Grtes de Calès
Alleins
A7
A9
N7
N86
N100
N102
N580

190
188
A
B
C
D
1
2
3
4
5
6
Castres
Mazamet
Carcassonne
Limoux
Labruguière
Aussillon
Lézignan-Corbières
Trèbes
Réalmont
Lacaune
Vabre
Brassac
Lautrec
Revel
Parc Naturel Régional du Haut-Languedoc
Monts de Lacaune
Montagne Noire
Montagne d'Alaric
Lac de Raviège
Lac des Saints-Peyres
Chaos de la Balme
Rives de l'Agout
Roc de Peyremourou
Gorges du Banquet
Moulin de Catenat
les Quatre Vieux
Grotte de Limousis
Aqueduc du Répudre
Abbaye de Rieunette
Abbaye des Bénédictins
Château de Durfort
Chât. de Montredon
Chât. de Viane
Calmels
Pic de Nore 1211
Pic de Montaud 1031
Mont Alric 813
Pic de Guillou 918
A61
N112
N126
D612
D118
D620
D622
D607
C 800
S 710
C 709
8
7
Montredon-Labessonnié
Villegailhenc
Villalier
Cazilhac
Conques-sur-Orbiel
Saissac
Montolieu
Alzonne
Bram
Montréal
Pezens
St-Pons-de-Thomières
Salvetat-sur-Agout
Lastours
Villeneuve-Minervois
Caunes-Minervois
Rieux-Minervois
Peyriac-Minervois
Capendu
Marseillette
Montirat
Palaja
Cavanac
Pomas
Saint-Hilaire
Pieusse

191
184
180
189

186

A
B
C
D
1
2
3
4
5
6
7
C 709
C 708
C 707
C 706
N116
N20
A61
Limoux
Quillan
Prades
Ille-sur-Têt
Montagne d'Alaric
Roc de l'Aigle
527
Abbaye de Rieunette
Abbaye des Bénédictins
Plateau de Lacamp
697
Cathédrale N.-D.
Chât. des Ducs de Joyeuse
Château de Durfort
Château de Termes
Gorges de l'Orbieu
Dolmen la Table des Morts
Château de Peyrepertuse
Château de Quéribus
Grau de Maury
Gorges de la Pierre-Lys
Gorges de St-Georges
Gorges de St-Jaume
Clue de la Fou
Défilé d'Adouxes
Château d'Usson
Notre-Dame du Val d'Amour
Sce de Fontestorbes
Barrage de Montbel
Chât. de Terride
Chât. Féodal
Pic de la Tribuna
2499
Madrès
2469
Ref. de Beys
2765
Puig de la Portella Gran
Parc Naturel Régional
des Pyrénées Catalanes
Fort Libéria
St-Michel de Cuxa
Grottes des Canalettes
Prieuré de Serrabone
Col de Fourtou
Chaos de Targasonne
C.N.R.S. (Four solaire)
Col de Mantet
1751
Puig de Tres Vents
2731
Réserve Nat. de Prats-de-Mollo-la-Preste
Pic de la Tossa d'Err
2350
Santuari de Núria
Les Borregues
2686
Costabona
2464
Puigmal d'Err
2913
Serra del Catllar
Mare de Déu de Cattlar
Monte Nègre
1425
Lac de Matemale
Haut Vallespir
Aude
la Boulzane

187
180
E
F
G
H
1
2
3
4
5
6
Narbonne
Parc Naturel Régional de la Narbonnaise en Méditerranée
C 609
S 610
S 611
S 612
C 700
C 701
C 702
S 703
S 704
S 705
A61
A9
N9
N914
AP7
Gruissan
Bages
Peyriac-de-Mer
Réserve Africaine
Etang de Bages et de Sigean
Etang de l'Ayrolle
Sigean
Port-la-Nouvelle
la Palme
la Franqui
Leucate
Leucate-Plage
Caves
Treilles
Fitou
les Cabanes de Fitou
Port Leucate
Aquamagic
le Lydia
Etang de Leucate ou de Salses
Château de Salses
Salses-le-Château
Port-Barcarès
le Barcarès
St-Hippolyte
St-Laurent-de-la-Salanque
Torreilles
Torreilles-Plage
Rivesaltes
Perpignan-Rivesaltes
Pia
la Têt
Ste-Marie
Ste-Marie-Plage
Canet-en-Roussillon
Canet-Plage
Bompas
Perpignan
Palais des Rois de Majorque
St-Estève
Toulouges
St-Nazaire
Saleilles
Alénya
Villeneuve-de-la-Raho
St-Cyprien
St-Cyprien-Plage
Parc Aquatique
Elne
Argelès-sur-Mer
Port Vendres
Cap Béar
Paulilles
Banyuls-sur-Mer
Réserve Naturelle Marine de Cerbère-Banyuls
Cap Peyrefite
Cerbère
Cap Cerbère
Tour Madeloc
Serra de l'Albera
le Boulou
le Perthus
La Jonquera
Portbou
Port de Colera
Colera
Llançà
El Port de la Selva
Cap de Creus

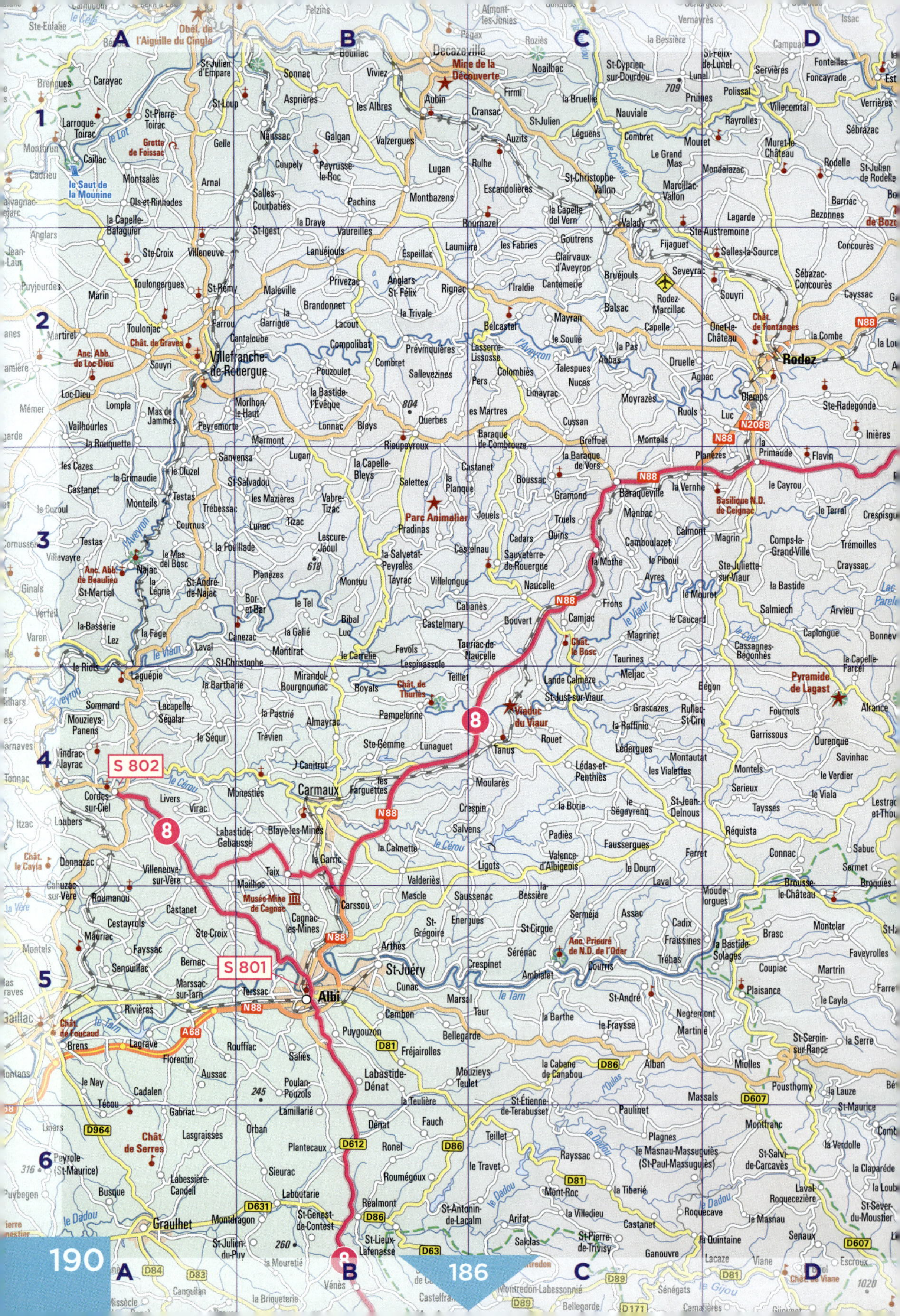

A
B
C
D
1
2
3
4
5
6
Obél. de l'Aiguille du Cingle
Decazeville
Mine de la Découverte
Ste-Eulalie
Brengues
Carayac
Larroque-Toirac
St-Pierre-Toirac
Grotte de Foissac
Cajarc
le Lot
le Saut de la Mounine
Montsalès
Ols-et-Rinhodes
la Capelle-Balaguier
St-Julien-d'Empare
Sonnac
Viviez
Aubin
Firmi
Cransac
Noailhac
Asprières
les Albres
Naussac
Galgan
Valzergues
Auzits
St-Julien
Montbazens
Lugan
Rulhe
Escandolières
Pachins
Peyrusse-le-Roc
Salles-Courbatiès
St-Igest
la Drayé
Vaureilles
Bournazel
les Fabries
Goutrens
Clairvaux-d'Aveyron
Cantemerle
St-Christophe-Vallon
la Capelle-del Vern
Valady
St-Cyprien-sur-Dourdou
Nauviale
Combret
Mouret
Marcillac-Vallon
Lunel
Pruines
Polissal
St-Félix-de-Lunel
Servières
Campuac
Fonteilles
Foncayrade
Villecomtal
Rayrolles
Muret-le-Château
Sébrazac
Rodelle
St-Julien-de-Rodelle
Bezonnes
Lagarde
Fijaguet
Ste-Austremoine
Salles-la-Source
Concourès
Sébazac-Concourès
Souyri
Onet-le-Château
Chât. de Fontanges
Rodez
la Combe
N88
Ste-Croix
Villeneuve
Toulongergues
St-Rémy
Marin
Toulonjac
Chât. de Graves
Villefranche-de-Rouergue
Anc. Abb. de Loc-Dieu
Maleville
Lanuéjouls
Privezac
Anglars-St-Félix
Rignac
la Trivale
Belcastel
Brandonnet
Compolibat
Prévinquières
Lacout
Pouzoulet
Combret
Sallevezinès
Colombiès
Lasserre-Lissosse
Pers
Mayran
le Soulié
Talespues
Nuces
Limayrac
l'Aveyron
Balsac
Bruéjouls
Rodez-Marcillac
Seveyrac
Capelle
Druelle
Agnac
Olemps
Moyrazès
Ruols
Luc
Ste-Radegonde
Inières
N2088
Flavin
la Primaude
Planèzes
Lompla
Mas de Jammes
Loc-Dieu
Vailhourles
la Rouquette
Peyremorte
Morlhon-le-Haut
la Bastide-l'Évêque
Lonnac
Bleys
Querbes
Rieupeyroux
les Martres
Baraque de Combrouze
Cussan
Greffuel
Monteils
la Baraque de Vors
Boussac
Gramond
Baraqueville
la Vernhe
le Cayrou
Basilique N.D. de Ceignac
Manhac
Calmont
Magrin
Comps-la-Grand-Ville
Trémoilles
Crayssac
Cambouiazet
le Piboul
la Mothe
Ayres
Ste-Juliette-sur-Viaur
la Bastide
le Mouret
Salmiech
Arvieu
le Caucard
Caplongue
Cassagnes-Bégonhès
la Capelle-Farcel
Pyramide de Lagast
Bonnev
les Cazes
la Grimaudie
le Cluzel
Sanvensa
St-Salvadou
les Mazières
Castanet
Testas
Monteils
Trébessac
Lunac
Tizac
Vabre-Tizac
la Capelle-Bleys
Salettes
la Planque
Castanet
Parc Animalier
Pradinas
Jouels
Truels
Quins
Cadars
Castelnau
Sauveterre-de-Rouergue
la Salvetat-Peyralès
Tayrac
Villelongue
Naucelle
Calmont
Frons
le Viaur
Camjac
Chât. du Bosc
Magrinet
Taurines
Meljac
Lescure-Jaoul
Montou
Cabanès
Castelmary
Bouvert
Tauriac-de-Naucelle
Lespinassole
Favols
la Carrelie
Bibal
Luc
le Tel
Bor-et-Bar
Planèzes
la Fouillade
Cournus
le Mas del Bosc
St-André-de-Najac
Najac
la Légrie
Anc. Abb. de Beaulieu
St-Martial
la Basserie
Lez
la Fage
Laval
Canezac
la Galié
Montirat
St-Christophe
Villevayre
le Riols
Laguépie
Varen
Sommard
Mouzieys-Panens
Lacapelle-Ségalar
la Bartharie
Mirandol-Bourgnounac
la Pastrie
Almayrac
Trévien
le Ségur
Boyals
Chât. de Thuriès
Pampelonne
Teillet
Viaduc du Viaur
Lande Calmèze
St-Just-sur-Viaur
Rouet
Tanus
Grascazes
la Raffinie
Rullac-St-Cirq
Bégon
Fournols
Garrissous
Durenque
Alrance
Savinhac
le Verdier
Ste-Gemme
Lunaguet
Vindrac-Alayrac
S 802
Cordes-sur-Ciel
Livers
le Cérou
Virac
Monestiés
Canitrot
Carmaux
les Farguettes
N88
Moularès
Lédas-et-Penthiès
Lédergues
Montautat
les Vialettes
Montels
Serieux
le Viala
Taysses
Lestrade-et-Thouels
St-Jean-Delnous
le Ségayrenq
la Borie
Crespin
Salvens
Padiès
Faussergues
Réquista
Connac
Sabuc
Sermet
Broquiès
Brousse-le-Château
Farret
le Dourn
Laval
Valence-d'Albigeois
8
Labastide-Gabausse
Blaye-les-Mines
le Garric
la Calmette
Ligots
Valderiès
Villeneuve-sur-Vère
Taix
Mailhoc
Musée-Mine de Cagnac
Cagnac-les-Mines
Carssou
Mascle
Saussenac
Bessière
Serméja
Assac
Cadix
Fraissines
la Bastide-Solages
Moulde-orgues
Brasc
Montclar
Faveyrolles
Martrin
Coupiac
Plaisance
le Cayla
Farre
Itzac
Loubers
Chât. le Cayla
Donnazac
Cahuzac-sur-Vère
Roumanou
Castanet
Cestayrols
Mauriac
Fayssac
Ste-Croix
Senouillac
Bernac
Marssac-sur-Tarn
Terssac
S 801
Albi
St-Juéry
Cunac
Arthès
St-Grégoire
Energues
St-Cirgue
Sérénac
Crespinet
Ambialet
Anc. Prieuré de N.D. de l'Oder
Courris
Trébas
le Tarn
St-André
Marsal
la Barthe
le Fraysse
Negrepont
Martiné
Cambon
Taur
Bellegarde
Rivières
Gaillac
Chât. de Foucaud
Brens
Lagrave
A68
N88
Florentin
Rouffiac
Saliès
Puygouzon
D81
Fréjairolles
Labastide-Dénat
Mouzieys-Teulet
la Teulière
la Cabane de Canabou
D86
Alban
l'Oulas
St-Étienne-de-Terabusset
Paulinet
Massals
D607
Pousthomy
St-Sernin-sur-Rance
la Serre
Miolles
la Lauze
St-Maurice
Montfranc
la Verdolle
St-Salvi-de-Carcavès
la Clapparède
le Nay
Cadalen
Aussac
Poulan-Pouzols
Técou
Gabriac
Lamillarié
Dénat
Fauch
Lisle
D964
Lasgraisses
Orban
Chât. de Serres
Plantecaux
D612
Ronel
D86
Teillet
Plagnes
le Masnau-Massuguiès (St-Paul-Massuguiès)
Rayssac
le Travet
Peyrole (St-Maurice)
Labessière-Candeil
Sieurac
Roumégoux
D81
Mont-Roc
la Tibarié
le Dadou
Busque
Laboutarie
D631
Réalmont
St-Antonin-de-Lacalm
Arifat
la Villedieu
Castanet
Roquecave
le Masnau
Roquecezière
Laval-Roquecezière
St-Sever-du-Moustier
Graulhet
Montdragon
St-Genest-de-Contest
D86
St-Julien-du-Puy
St-Lieux-Lafenasse
Salclas
St-Pierre-de-Trivisy
Ganoubre
la Quintaine
Senaux
D607
D63
Lacaze
Viane
Escroux
la Mouretié
D84
D83
D89
D81
Chât. de Viane
Missècle
Canguilan
la Briqueterie
Vènès
Castelfranc
Montredon-Labessonnié
D89
Bellegarde
D171
Sénégats
Cambières
Gijou
1020
709
804
618
245
260
316
186

E
F
G
H
1
2
3
4
5
6
184
180
187
Marvejols
Mende
Millau
St-Affrique
Lodève
Parc Naturel
Régional
des Grands
Causses
Causse de Sévérac
Causse du Larzac
Gorges de la Dourbie
C 807
C 806
C 805
C 804
S 803
8
A75
N88
N106
Tour de Masse
les Bourines
Sabot de Malepeyre
Georges du Tarn
Arcs de St-Pierre
Chât. de Blanquefort
Causses and Cévennes
Aven Armand
Grte de Dargilan
Roquedols
Cabrières
Aven de Trouchiols
Egl. St Jean de Balmes
Corniche du Rajol
Cirque de Navacelles
Grotte de Labeil
Sce Minérale
Rocheblave
Tombeau Romain
Ermitage N. D. de Belle Grâce
Prieuré de St-Michel de Grandmont
Ste-Énimie
Laval-du-Tarn
St-Chély-du-Tarn
la Caze
la Malène
les Vignes
le Rozier
Peyreleau
Liaucous
Pinet
la Cresse
Aguessac
Paulhe
Meyrueis
Nant
la Canourgue
Banassac
Chanac
la Cavalerie
l'Hospitalet-du-Larzac
le Caylar
Roquefort-sur-Soulzon
Sévérac-le-Château
St-Geniez-d'Olt
Ste-Eulalie-d'Olt
St-Côme-d'Olt
Campagnac
Vézins-de-Lévézou
St-Beauzély
Creissels
St-Georges-de-Luzençon
Camarès
Cornus
le Cros
St-Étienne-de-Gourgas
Soubès
Fozières

IMPRESSUM

Verantwortlich: Kerstin Thiele, Tabea Rheinert
Redaktion und Lektorat: Michaela Zelfel
Layout- und Reihengestaltung: Mathias Frisch
Satz: Elke Mader
Repro: LUDWIG:media
Kartografie: Huber Kartographie GmbH
Herstellung: Alexander Knoll
Printed in Poland by CGS Printing

Exklusiv für Sie als Leser:

MIT GPS-DATEN ZUM DOWNLOAD

unter: gps.bruckmann.de

Sind Sie mit diesem Titel zufrieden? Dann würden wir uns über Ihre Weiterempfehlung freuen. Erzählen Sie es im Freundeskreis, berichten Sie Ihrem Buchhändler, oder bewerten Sie bei Onlinekauf. Und wenn Sie Kritik, Korrekturen, Aktualisierungen haben, freuen wir uns über Ihre Nachricht an Bruckmann Verlag, Postfach 40 02 09, D-80702 München oder per E-Mail an lektorat@verlagshaus.de.

Unser komplettes Programm finden Sie unter www.bruckmann.de

In diesem Buch wird aus Gründen der besseren Lesbarkeit das generische Maskulinum verwendet. Weibliche und anderweitige Geschlechteridentitäten werden dabei ausdrücklich mitgemeint, soweit es für die Aussage erforderlich ist.

Bildnachweis: Alle Abbildungen des Umschlags und des Innenteils stammen von der Autorin, mit Ausnahme von S. 6 © Shutterstock / Vector FX; S. 7 o. © Shutterstock / DiubuaAnastasiia; S. 7 u. © Shutterstock / MAEADV; S. 21 © Shutterstock / FabianIrwin; S. 22 © Shutterstock / Lenush; S. 38 o. © Shutterstock / Juergen Wackenhut; S. 38 u. © Shutterstock / Laborant; S. 42 © Shutterstock / Photo-Saint-Tropez; S. 53 © Shutterstock / Quirky Badger; S. 85 © Shutterstock / ldgfr photos; S. 120 o. © Shutterstock / starmaro; S. 120 u. © Shutterstock / Weskerbe; S. 121 © Shutterstock / KarSol; S. 124 © Shutterstock / Riska Parakeet; S. 129 © Shutterstock / gemadrun

Umschlagvorderseite: Gorges du Verdon © Shutterstock / RogerMechan
Umschlagrückseite: Hyères-les-Palmiers

Die Deutsche Nationalbibliothek verzeichnet diese Publikation in der Deutschen Nationalbibliografie; detaillierte bibliografische Daten sind im Internet über http://dnb.d-nb.de abrufbar.

ISBN 978-3-7343-2992-0